これからの介護・福祉事業を担う経営"人財"

介護福祉経営士テキスト 実践編Ⅱ

介護福祉ITシステム
効率運営のための実践手引き

豊田雅章 編

JMP 日本医療企画

● 総監修のことば

なぜ今、「介護福祉」事業に経営人材が必要なのか

　介護保険制度は創設から10年あまりが経過し、「介護の社会化」は広く認知され、超高齢社会の我が国にとって欠かせない社会保障として定着している。この介護保険制度では「民間活力の導入」が大きな特徴の1つであり、株式会社、社会福祉法人、NPO法人など多岐にわたる経営主体は、制度改正・報酬改定などの影響を受けつつも、さまざまな工夫を凝らし、安定した質の高いサービスの提供のため、経営・運営を続けている。

　しかしながら、介護福祉業界全般を産業として鑑みると、十分に成熟しているとは言えないのが現実である。経営主体あるいは経営者においては経営手法・マネジメントなどを体系的・包括的に修得する機会がなく、そのため、特に介護業界の大半を占める中小事業者では、不安定な経営が多くみられる。

　安定的な介護福祉事業経営こそが、高齢者等に安心・安全なサービスを継続して提供できる根本である。その根本を確固たるものにするためにも体系的な教育システムによって経営を担う人材を育成・養成することが急務であると考え、そのための教材として誕生したのが、この『介護福祉経営士テキストシリーズ』である。

　本シリーズは「基礎編」と「実践編」の2分野、全21巻で構成されている。基礎編では介護福祉事業の経営を担うに当たり、必須と考えられる知識を身につけることを目的としている。制度や政策、関連法規等はもちろん、倫理学や産業論の視点も踏まえ、介護福祉とは何かを理解することができる内容となっている。そして基礎編で学んだ内容を踏まえ、実際の現場で求められる経営・マネジメントに関する知識を体系的に学ぶことができるのが実践編という位置付けになっている。

　本シリーズの大きな特徴として、各テキストの編者・著者は、いずれも第一線で活躍している精鋭の方々であり、医療・介護の現場の方から教育現場の方、経営の実務に当たっている方など、そのフィールドが多岐にわたっていること

が挙げられる。介護福祉事業の経営という幅広い概念を捉えるためには、多様な視点をもつことが必要となる。さまざまな立場にある執筆陣によって書かれた本シリーズを学ぶことで、より広い視野と深い知見を得ることができるはずである。

　介護福祉は、少子超高齢化が進む日本において最重要分野であるとともに、「産業」という面から見ればこれからの日本経済を支える成長分野である。それだけに日々新しい知見が生まれ、蓄積されていくことになるだろう。本シリーズにおいても、改訂やラインアップを増やすなど、進化を続けていかなければならないと考えている。読者の皆様からのご教示を頂戴できれば幸いである。
　本シリーズが経営者はもとより、施設長・グループ長など介護福祉経営の第二世代、さらには福祉系大学の学生等の第三世代の方々など、現場で活躍される多くの皆様に学んでいただけることを願っている。そしてここで得た知見を机上の空論とすることなく、介護福祉の現場で実践していただきたい。そのことが安心して老後を迎えることのできる社会構築に不可欠な、介護福祉サービスの発展とその質の向上につながると信じている。

総監修

江草安彦
社会福祉法人旭川荘名誉理事長、川崎医療福祉大学名誉学長

大橋謙策
公益財団法人テクノエイド協会理事長、元日本社会事業大学学長

北島政樹
国際医療福祉大学学長

(50音順)

● はじめに

後発産業である介護業界だからこそ求められるIT活用

　わが国の介護ビジネスは、2011（平成23）年現在7兆円市場、2025（平成37）年には24兆円市場に成長すると、社会保障国民会議は試算しています。

　成長産業であっても（であるからこそ）、取り組むべき課題は山積ですが、新しい産業形態であることから、解決の糸口は他業種に学ぶことができると思われます。他業種においては、課題解決の手法として、ITの活用が当たり前となっています。

　そこで本書では"IT（Information Technology：情報技術）"という視点で、介護業界の課題解決や効率化について解説していきます。

介護業界でのITの可能性

　介護業界におけるIT活用度は、他産業に比べて2～3年遅れていると言われています。理由は数々ありますが、その1つとして、介護業界の就労者平均年齢が比較的高いことが挙げられます。しかし近年、介護業界の労働条件に改善の兆しが見られ、労働者の若返りも図られています。IT自体も、ずいぶん使いやすくなっていますので、今後、介護業界でのIT活用は加速していくでしょう。

　また、介護業界は"超"労働集約型産業であり、労働がそのまま「報酬」につながります。したがって、ITを利用した業務効率改善が、すぐに収益向上につながるという図式が成り立つ業界でもあり、今後、ITを取り入れる価値は大いにあると言えます。

好業績事業者におけるIT活用事例

　近年、業績を右肩上がりに向上させている介護事業者では、クラウドや情報端末などのIT技術を活用していることはもちろん、他業種の業務効率・経営改善手法をいち早く取り入れているという特徴があります。

　本書では、このような好業績企業の事例を紹介しながら、介護業界のITについて解説していきます。

豊田雅章

● 介護福祉経営士【実践編Ⅱ】／目次

CONTENTS

総監修のことば……………………………………………………………… Ⅱ
はじめに……………………………………………………………………… Ⅳ

第1章　ITとは？ ……………………………………………………… 1

 1　ITの概要……………………………………………………………… 2
 2　介護事業者の業務と情報システム………………………………… 5
 3　介護事業における情報セキュリティ……………………………… 7
 4　介護事業者を取り巻く主なシステム群…………………………… 19

第2章　介護保険請求システム ……………………………………… 23

 1　介護保険請求システムの種類……………………………………… 24
 2　介護ソフト業界の現状……………………………………………… 29
 3　介護ソフトの導入にあたって……………………………………… 32

第3章　利用者情報管理システム …………………………………… 37

 1　利用者情報の管理・運用…………………………………………… 38
 2　アナログとデジタルの併用………………………………………… 47

第4章　バックオフィス業務 ………………………………………… 55

 1　バックオフィス業務………………………………………………… 56
 2　人事考課・給与管理、勤怠管理、会計管理……………………… 57

第5章 「営業支援」という新たな概念 ……………………………… 65

- **1** 介護業界の環境変化………………………………………………… 66
- **2** 営業支援システムの必要性………………………………………… 73
- **3** 営業支援システムの具体的運用…………………………………… 79
- **4** IT活用のこれから…………………………………………………… 87

第1章
ITとは?

1. ITの概要
2. 介護事業者の業務と情報システム
3. 介護事業における情報セキュリティ
4. 介護事業者を取り巻く主なシステム群

1 ITの概要

1 インターネットはIT!?

　今や、インターネットの利用は仕事でも家庭でも当たり前になっています。買いものやゲーム、調べものなど、生活をするうえで、なくてはならない道具となっていることは、**図表1-1**からも明らかです。

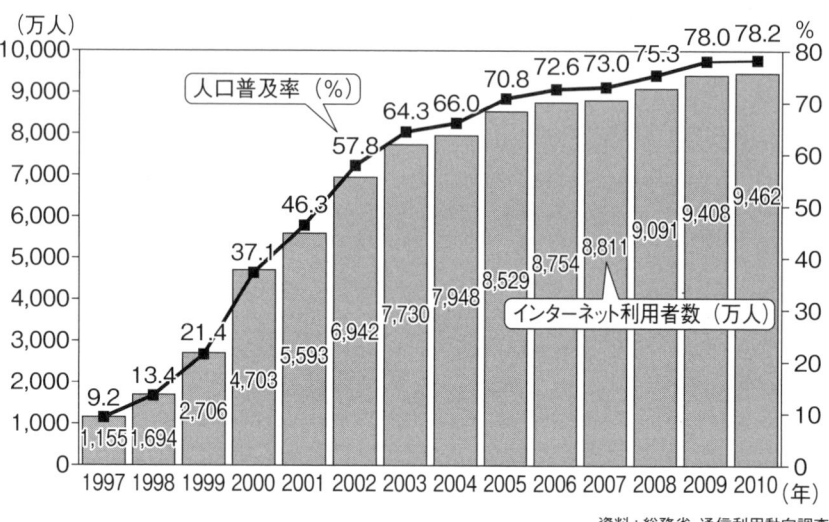

図表1-1 ●インターネット利用者数・人口普及率

資料：総務省、通信利用動向調査

　しかし、日常的に使っているインターネットをITの1つだと認識して利用している人は少なく、ITは企業で仕事に使うものという認識が強いようです。

　また、年齢別に見ると、高齢になればなるほどインターネットの利用率が下がる傾向があります（**図表1-2**）。このような状況も、介護業界でITが浸透していない理由の1つと言えるでしょう。

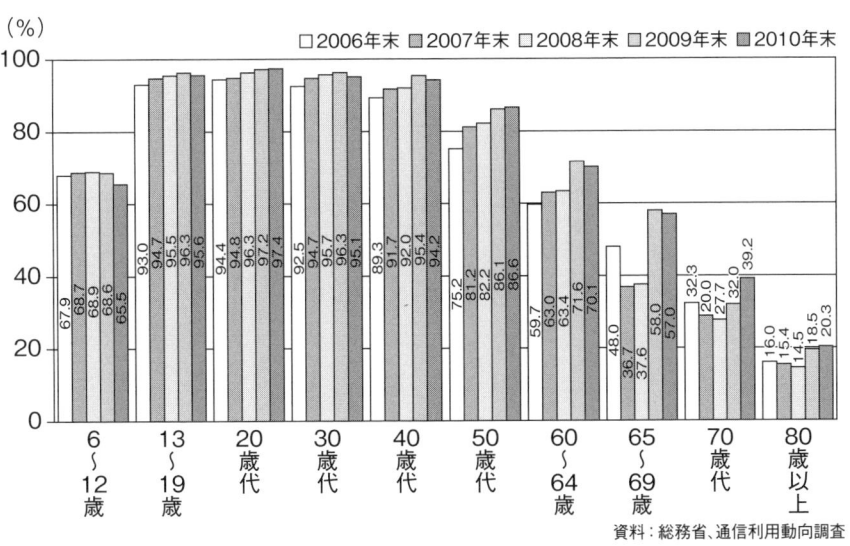

図表1-2●年齢別インターネット利用率

2 道具であるIT

　IT（Information Technology）を直訳すると、「情報技術」となります。つまり、「情報をどのように活用するか」という技術なのです。私たちが日常的に利用しているインターネットでの買いものや、検索エンジン（Yahoo!、Googleなど）での調べもの、介護報酬請求、ワムネット（福祉・保健・医療の総合情報サイト）の閲覧などは、すべてITです。

　使う人に必要な情報を提供する仕組みがITです。あまり難しく考えることはありません。介護業界の方と話していると、「パソコンの使い方を覚えるのが面倒」、「システムを覚えるより、手で書くほうが速い」などの言葉をよく耳にします。しかし、コピー機や携帯電話も、初めて使うときは使い方を覚えるのに少し手間がかかりましたが、使いこなせるようになると業務の効率化を図ることができ、手放せない道具になりました。ITも同様で、導入前や導入当初は敷居が高くても、利用していくうちに、なくてはならない介護業務の道具の1つになっていくはずです。

ITには、電子メールやインターネット、パソコン、複合機（コピー機にファックスやスキャナーなどの機能が付いているもの）など、ソフトウェア、ハードウェアともにさまざまな道具があります。何をどう使うかによって、多種多様な効果が期待できます。企業では多額の資金を投入して、さまざまな業務へのIT導入による効率化を実施しています。そこでこの章では、介護業界でのITの活用法を考えていきたいと思います。

… 3 介護福祉ITシステム

2 介護事業者の業務と情報システム

1 マトリックス軸での業務分布

　介護事業を運営していくための業務を、マトリックス軸で整理してみます（**図表1-3**）。

図表1-3 ● 介護事業運営における業務（マトリックス軸）

```
                    フロントオフィス（対外）
                           ↑
   B                                    介護記録
         空き状況              利用者
         確認       渉外・     台帳    相談業務
                   営業支援
                          担当者   ケア
      介護保険    地域連携  日報  会議   プラン
      請求事務
                  Web告知         スケジュール
                  ホームページ      管理
                                              A
事務・業務管理 ──────セキュリティー──── 実績管理 給付管理 ──→ 介護（対利用者）

      国保連
      伝送      資産管理  文書管理
      人事管理
                                 管理会計  経営分析
      給与管理 勤怠管理 財務会計  グループ
                                 ウェア

   D                                           C
                           ↓
                    バックオフィス（事業者内）
```

（1）フロントオフィス×介護：A業務

　図表1-3の右上A業務は、利用者に関わるもっとも重要な業務で、対外的にも利用される機会が多いものです。介護記録、利用者台帳管理、実施・訪問スケジュール管理などがA業務に分類されます。第3章で詳しく触れますが、これらはもっともセンシティブな情報（個人

情報のなかでも、特に取り扱いに留意すべき情報）を扱い、かつ介護サービスの質を左右する部分なので、介護事業者としては、細心の注意を払ってシステム構築をすべきです。

（2）フロントオフィス×事務：B業務

　図表1-3の左上B業務は、介護保険請求や空き状況照会など外部と関わってくる業務となります。よりよい介護サービスを提供するうえで基本となるだけでなく、収入にも直接影響する部分ですので、正確性を重視する必要があります。第2章で解説します。

（3）バックオフィス：C、D業務

　図表1-3の下C、D業務は、事業者内での業務となります。利用者に関わるC業務と、事業者内の管理に関わるD業務に分類されます。これらは事業経営に関わる部分であり、継続的に介護事業を行っていくうえで重視しなければならない分野です。第4章で解説します。

（4）新たな業務：営業（渉外）業務

　介護業界でも、「営業（渉外）行為の必要性」という概念が発生してきています。今後の介護事業者の競争・生き残りに関わる重要な業務なので、第5章で解説します。

2 共通IT業務

　図表1-3で示したどの業務にも、共通して関わる部分があります。セキュリティ、グループウェア[※1]、文書管理です。これらは、ITの基盤として導入されるべきものです。特に個人情報を取り扱う介護事業者は、セキュリティには細心の注意が必要です。

※1 グループウェア：組織内のネットワークを活用して、グループの情報共有やコミュニケーションの効率化を図るソフトウェアの総称。主な機能としては、電子メール機能、電子掲示板機能、スケジューラ機能、電子会議室機能、文書共有機能などがある。

3 介護事業における情報セキュリティ

1 増加するセキュリティ事故

　2010（平成22）年の日本ネットワークセキュリティ協会の調査によると、医療・福祉業界における個人情報漏えい（不正な情報持ち出し）人数は、情報通信業に次ぐ3位となっています（**図表1-4**）。個人情報漏え件数の多さやその影響度（精神的苦痛）を考えると、介護事業者が持っている情報のセキュリティ確保の必要性は極めて高いと言えます。

図表1-4●個人情報漏えいインシデント ワースト10

順位	漏えい人数	業種	原因
1	173万5841人	情報通信業	不正アクセス
2	46万3360人	情報通信業	内部犯罪・内部不正行為
3	31万人	医療、福祉	不正な情報持ち出し
4	25万4122人	卸売業、小売業	不正アクセス
5	20万1414人	学術研究、専門・技術サービス業	管理ミス
6	19万7907人	情報通信業	盗難
7	19万7077人	製造業	設定ミス
8	19万5132人	サービス業（他に分類されないもの）	不明
9	17万755人	サービス業（他に分類されないもの）	不正アクセス
10	17万325人	金融業、保険業	管理ミス

資料：日本ネットワークセキュリティ協会、「JNSA2010年情報セキュリティインシデントに関する調査報告書」

　情報漏えいの原因としては、管理ミスや誤操作、データ紛失・置き忘れが上位を占めています（**図表1-5**）。

図表1-5 ● 情報漏えいの原因

- 不正アクセス 17件 1.0%
- 設定ミス 17件 1.0%
- 目的外使用 10件 0.6%
- 内部犯罪・内部不正行為 9件 0.5%
- バグ・セキュリティホール 25件 1.5%
- ワーム・ウイルス 6件 0.4%
- 不正な情報持ち出し 73件 4.3%
- その他 19件 1.1%
- 盗難 128件 7.6%
- 不明 12件 0.7%
- 紛失・置き忘れ 211件 12.6%
- 管理ミス 609件 36.3%
- 誤操作 543件 32.3%

資料：日本ネットワークセキュリティ協会、「JNSA2010年情報セキュリティインシデントに関する調査報告書」

　これらはヒューマンエラーとして処理されることが多いですが、実はITを活用することにより、紛失はしても漏えいはしない手段を取ることができるのです（18ページ事例参照）。個人情報の管理についても、ITを利用することが漏えい防止の近道になり得ます。

　また、**図表1-5**の「管理ミス」に含まれる内容には、セキュリティ対策不足も含まれます。最近では、悪意のあるウイルスにコンピュータが感染し、Winny[※1]経由で情報が漏えいしてしまったり、ハッキングによって内部データを盗まれたりしてしまうなどの情報漏えい事故が発生しています。

　これらに対しての対策は、ウィルス対策ソフトをコンピュータにインストールしたり、ファイアーウォール[※2]を設定するなど、ITを活用して直接的に守る方法が有効となります。

2 介護事業者における個人情報の取り扱い

　2005（平成17）年4月に施行された個人情報保護法に基づき、「医療・介護関係事業者における個人情報の適切な取扱いのためのガイド

※1 Winny：ファイルを共有するためのソフトウェア。
※2 ファイアーウォール：組織内のコンピュータネットワークへ外部から侵入されるのを防ぐシステム。

ライン」(2004年12月24日通知、2006年4月21日改正、2010年9月17日改正)が厚生労働省より発行されています。5,000人以上の個人情報を扱う事業者が対象となりますが、それ以下の事業者も遵守努力を求められています。利用者は当然、個人情報の管理を適正に行っている事業者を選択したいはずですので、介護事業者はガイドラインを必ず一読しておく必要があります。

また、個人情報保護法では、個人情報取り扱い事業者が主務大臣への報告やそれに伴う改善措置に従うなどの適切な対処を行わなかった場合、事業者に対して刑事罰が科されます。さらに、漏えい事故が起こった場合の風評被害や損害賠償などの影響は多大であり、事業者は適切な対策を講じておく必要があります。

3 ガイドラインの読み方

「医療・介護関係事業者における個人情報の適切な取扱いのためのガイドライン」のポイントとしては、**図表1-6**の項目が挙げられます。ガイドライン「Ⅲ 医療・介護関係事業者の義務等」に記載される内容に沿って、読み進めていけばよいでしょう。

図表1-6●「医療・介護関係事業者における個人情報の適切な取扱いのためのガイドライン」のポイントとなる項目

個人情報取扱いの基本方針	個人情報保護の安全管理措置
個人情報の管理体制	第三者への情報提供
情報の収集手順	保有データの開示・取扱い
個人情報の利用目的・方法	相談窓口の設置

さらに、ガイドライン別表1に「医療・介護関係法令において医療・介護関係事業者に作成・保存が義務づけられている記録例」が記載されていますので、具体的な対象文書を確認しておくのが望ましいでしょう(**図表1-7**)。

図表1-7●ガイドライン別表1「医療・介護関係法令において医療・介護関係事業者に作成・保存が義務づけられている記録例」(抜粋)

医療機関等(医療従事者を含む)

①病院・診療所
・診療録【医師法第24条、歯科医師法第23条】
・処方せん【医師法第22条、歯科医師法第21条、医療法第21条】
・助産録【保健師助産師看護師法第42条】
・照射録【診療放射線技師法第28条】
・手術記録、検査所見記録、エックス線写真【医療法第21条】
・歯科衛生士業務記録【歯科衛生士法施行規則第18条】
・歯科技工指示書【歯科技工士法第18条、第19条】

②助産所
・助産録【保健師助産師看護師法第42条】

③薬局
・処方せん(調剤した旨等の記入)【薬剤師法第26条、第27条】
・調剤録【薬剤師法第28条】

④衛生検査所
・委託検査管理台帳、検査結果報告台帳、苦情処理台帳【臨床検査技師、衛生検査技師法施行規則第12条第15項、第12条の3】

⑤指定訪問看護事業者
・訪問看護計画書【指定訪問看護及び指定老人訪問看護の事業の人員及び運営に関する基準第17条第1項】
・訪問看護報告書【指定訪問看護及び指定老人訪問看護の事業の人員及び運営に関する基準第17条第3項】

介護関係事業者

※保存が想定されている記録も含む
①指定訪問介護事業者
・居宅サービス計画(通称:ケアプラン)【指定居宅サービス等の事業の人員、設備及び運営に関する基準第16条】
・サービスの提供の記録(通称:ケア記録、介護日誌、業務日誌)【指定居宅サービス等の事業の人員、設備及び運営に関する基準第19条】
・訪問介護計画【指定居宅サービス等の事業の人員、設備及び運営に関する基準第24条第1項】
・苦情の内容等の記録【指定居宅サービス等の事業の人員、設備及び運営に関する基準第36条第2項】

②指定訪問入浴介護事業者
・居宅サービス計画(通称:ケアプラン)【指定居宅サービス等の事業の人員、設備及び運営に関する基準第54条(準用:第16条)】
・サービスの提供の記録(通称:ケア記録、介護日誌、業務日誌)【指定居宅サービス等の事業の人員、設備及び運営に関する基準第54条(準用:第19条)】
・苦情の内容等の記録【指定居宅サービス等の事業の人員、設備及び運営に関する基準第54条(準用:第36条第2項)】

③指定訪問看護事業者
- 居宅サービス計画（通称：ケアプラン）【指定居宅サービス等の事業の人員、設備及び運営に関する基準第74条（準用：第16条）】
- サービスの提供の記録（通称：ケア記録、介護日誌、業務日誌）【指定居宅サービス等の事業の人員、設備及び運営に関する基準第74条（準用：第19条）】
- 主治の医師からの指示書【指定居宅サービス等の事業の人員、設備及び運営に関する基準第69条第2項】
- 訪問看護計画書【指定居宅サービス等の事業の人員、設備及び運営に関する基準第70条第1項】
- 訪問看護報告書【指定居宅サービス等の事業の人員、設備及び運営に関する基準第70条第5項】
- 苦情の内容等の記録【指定居宅サービス等の事業の人員、設備及び運営に関する基準第74条（準用：第36条第2項）】

④指定訪問リハビリテーション事業者
- 居宅サービス計画（通称：ケアプラン）【指定居宅サービス等の事業の人員、設備及び運営に関する基準第83条（準用：第16条）】
- サービスの提供の記録（通称：ケア記録、介護日誌、業務日誌）【指定居宅サービス等の事業の人員、設備及び運営に関する基準第83条（準用：第19条）】
- 診療記録【指定居宅サービス等の事業の人員、設備及び運営に関する基準第80条第1項第4号】
- 訪問リハビリテーション計画【指定居宅サービス等の事業の人員、設備及び運営に関する基準第81条第1項】
- 苦情の内容等の記録【指定居宅サービス等の事業の人員、設備及び運営に関する基準第83条（準用：第36条第2項）】

⑤指定居宅管理指導事業者
- 居宅サービス計画（通称：ケアプラン）【指定居宅サービス等の事業の人員、設備及び運営に関する基準第91条（準用：第16条）】
- サービスの提供の記録（通称：ケア記録、介護日誌、業務日誌）【指定居宅サービス等の事業の人員、設備及び運営に関する基準第91条（準用：第19条）】
- 診療記録【指定居宅サービス等の事業の人員、設備及び運営に関する基準第89条第1項第4号、第2項第4号】
- 苦情の内容等の記録【指定居宅サービス等の事業の人員、設備及び運営に関する基準第91条（準用：第36条第2項）】

⑥指定通所介護事業者
- 居宅サービス計画（通称：ケアプラン）【指定居宅サービス等の事業の人員、設備及び運営に関する基準第105条（準用：第16条）】
- サービスの提供の記録（通称：ケア記録、介護日誌、業務日誌）【指定居宅サービス等の事業の人員、設備及び運営に関する基準第105条（準用：第19条）】
- 通所介護計画【指定居宅サービス等の事業の人員、設備及び運営に関する基準第99条第1項】
- 苦情の内容等の記録【指定居宅サービス等の事業の人員、設備及び運営に関する基準第105条（準用：第36条第2項）】

⑦指定通所リハビリテーション事業者
- 居宅サービス計画（通称：ケアプラン）【指定居宅サービス等の事業の人員、設備及び運営に関する基準第119条（準用：第16条）】
- サービスの提供の記録（通称：ケア記録、介護日誌、業務日誌）【指定居宅サービス等の事業の人員、設備及び運営に関する基準第119条（準用：第19条）】
- 通所リハビリテーション計画【指定居宅サービス等の事業の人員、設備及び運営に

関する基準第115条第1項】
・苦情の内容等の記録【指定居宅サービス等の事業の人員、設備及び運営に関する基準第119条（準用：第36条第2項）】

⑧指定短期入所生活介護事業者
・居宅サービス計画（通称：ケアプラン）【指定居宅サービス等の事業の人員、設備及び運営に関する基準第140条（準用：第16条）】
・サービスの提供の記録（通称：ケア記録、介護日誌、業務日誌）【指定居宅サービス等の事業の人員、設備及び運営に関する基準第140条（準用：第19条）】
・身体的拘束等に係る記録【指定居宅サービス等の事業の人員、設備及び運営に関する基準第128条第5項】
・短期入所生活介護計画【指定居宅サービス等の事業の人員、設備及び運営に関する基準第129条第1項】
・苦情の内容等の記録【指定居宅サービス等の事業の人員、設備及び運営に関する基準第140条（準用：第36条第2項）】

⑨指定短期入所療養介護事業者
・居宅サービス計画（通称：ケアプラン）【指定居宅サービス等の事業の人員、設備及び運営に関する基準第155条（準用：第16条）】
・サービスの提供の記録（通称：ケア記録、介護日誌、業務日誌）【指定居宅サービス等の事業の人員、設備及び運営に関する基準第155条（準用：第19条）】
・身体的拘束等に係る記録【指定居宅サービス等の事業の人員、設備及び運営に関する基準第146条第5項】
・短期入所療養介護計画【指定居宅サービス等の事業の人員、設備及び運営に関する基準第147条第1項】
・苦情の内容等の記録【指定居宅サービス等の事業の人員、設備及び運営に関する基準第155条（準用：第36条第2項）】

⑩指定特定施設入所者生活介護事業者
・サービスの提供の記録（通称：ケア記録、介護日誌、業務日誌）【指定居宅サービス等の事業の人員、設備及び運営に関する基準第181条第2項】
・身体的拘束等に係る記録【指定居宅サービス等の事業の人員、設備及び運営に関する基準第183条第5項】
・特定施設サービス計画【指定居宅サービス等の事業の人員、設備及び運営に関する基準第184条第3項】
・苦情の内容等の記録【指定居宅サービス等の事業の人員、設備及び運営に関する基準第192条（準用：第36条第2項）】

⑪指定福祉用具貸与事業者
・居宅サービス計画（通称：ケアプラン）【指定居宅サービス等の事業の人員、設備及び運営に関する基準第205条（準用：第16条）】
・サービスの提供の記録（通称：ケア記録、介護日誌、業務日誌）【指定居宅サービス等の事業の人員、設備及び運営に関する基準第205条（準用：第19条）】
・苦情の内容等の記録【指定居宅サービス等の事業の人員、設備及び運営に関する基準第205条（準用：第36条第2項）】

⑫指定居宅介護支援事業者
・居宅サービス計画（通称：ケアプラン）【指定居宅介護支援等の事業の人員及び運営に関する基準第13条】
・アセスメントの結果の記録【指定居宅介護支援等の事業の人員及び運営に関する基準第13条第7号】
・サービス担当者会議等の記録【指定居宅介護支援等の事業の人員及び運営に関する

- モニタリングの結果の記録【指定居宅介護支援等の事業の人員及び運営に関する基準第13条第13号】
- 苦情の内容等の記録【指定居宅介護支援等の事業の人員及び運営に関する基準第26条第2項】

⑬指定介護老人福祉施設
- サービスの提供の記録（通称：ケア記録、介護日誌、業務日誌）【指定介護老人福祉施設の人員、設備及び運営に関する基準第8条第2項】
- 身体的拘束等に係る記録【指定介護老人福祉施設の人員、設備及び運営に関する基準第11条第5項】
- 施設サービス計画【指定介護老人福祉施設の人員、設備及び運営に関する基準第12条】
- アセスメントの結果の記録【指定介護老人福祉施設の人員、設備及び運営に関する基準第12条第4項】
- モニタリングの結果の記録【指定介護老人福祉施設の人員、設備及び運営に関する基準第12条第10項第2号】
- 苦情の内容等の記録【指定介護老人福祉施設の人員、設備及び運営に関する基準第33条第2項】

⑭特別養護老人ホーム
- 行った具体的な処遇の内容等の記録【特別養護老人ホームの設備及び運営に関する基準第9条第2項第2号】
- 入所者の処遇に関する計画【特別養護老人ホームの設備及び運営に関する基準第14条】
- 身体的拘束等に係る記録【特別養護老人ホームの設備及び運営に関する基準第15条第5項】
- 苦情の内容等の記録【特別養護老人ホームの設備及び運営に関する基準第29条】

⑮介護老人保健施設
- サービスの提供の記録（通称：ケア記録、介護日誌、業務日誌）【介護老人保健施設の人員、設備及び運営に関する基準第9条】
- 身体的拘束等に係る記録【介護老人保健施設の人員、設備及び運営に関する基準第13条第5項】
- 施設サービス計画【介護老人保健施設の人員、設備及び運営に関する基準第14条】
- アセスメントの結果の記録【介護老人保健施設の人員、設備及び運営に関する基準第14条第4項】
- モニタリングの結果の記録【介護老人保健施設の人員、設備及び運営に関する基準第14条第10項第2号】
- 苦情の内容等の記録【介護老人保健施設の人員、設備及び運営に関する基準第34条第2項】

⑯指定介護療養型施設
- サービスの提供の記録（通称：ケア記録、介護日誌、業務日誌）【指定介護療養型医療施設の人員、設備及び運営に関する基準第10条第2項】
- 身体的拘束等に係る記録【指定介護療養型医療施設の人員、設備及び運営に関する基準第14条第5項】
- 施設サービス計画【指定介護療養型医療施設の人員、設備及び運営に関する基準第15条】
- アセスメントの結果の記録【指定介護療養型医療施設の人員、設備及び運営に関する基準第15条第4項】
- モニタリングの結果の記録【指定介護療養型医療施設の人員、設備及び運営に関する基準第15条第10項第2号】
- 苦情の内容等の記録【指定介護療養型医療施設の人員、設備及び運営に関する基準

第32条第2項】
⑰ 養護老人ホーム
・入所者の処遇の状況に関する帳簿の整備【養護老人ホームの設備及び運営に関する基準第9条】
・苦情の内容等の記録【養護老人ホームの設備及び運営に関する基準第18条】

　個人情報の取扱いにおいては、システム化されているデータについては、ITを活用して防止することが可能ですが、法令遵守、適正な取扱いという点では、個人情報の取扱いについての教育や、漏えいした場合のリスクなどを説明する（人的な周知徹底）ことが必要不可欠となりますので、併せて対策を講じる必要があります。eラーニング[※3]を利用した教育カリキュラムを利用すると便利です。

4　介護事業者における個人情報の漏えい

　図表1-8は、漏えいした個人情報の影響度を示したEP（Economic-Privacy）図です。医療・福祉分野における情報は、漏えいした場合の精神的苦痛レベルが高めに位置付けられており、より注意して扱う必要があります。
　また、紙媒体はどんな業種においても使用機会が多く、紙媒体から漏えいする比率が高いと言えます。医療・福祉分野では漏えい総件数の約77%が紙媒体からというデータが出ています（**図表1-9**）。

（1）紙媒体を電子化することによるセキュリティ対策
　紙媒体の情報をデータ化し管理することによって、ITを利用したセキュリティ対策や運用管理が可能になります。

※3 eラーニング：パソコンやコンピュータネットワークなどを利用して教育を行うこと。教室で学習を行う場合と比べて、時間や場所を選ばず教育を提供できたり、受講履歴を管理できる点が便利である。

3 介護福祉ITシステム

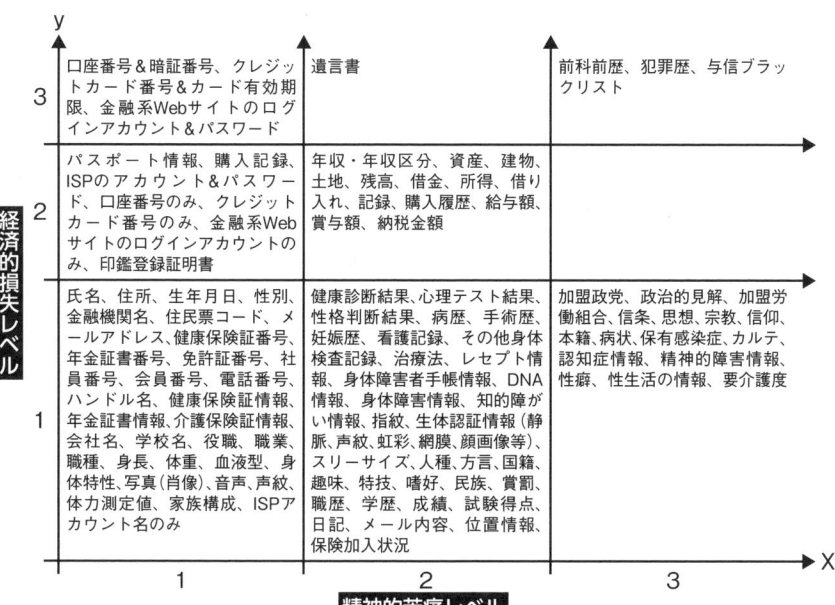

図表1-8●個人情報漏えいの影響度（EP図）

資料：日本ネットワークセキュリティ協会、「JNSA2010年情報セキュリティインシデントに関する調査報告書」

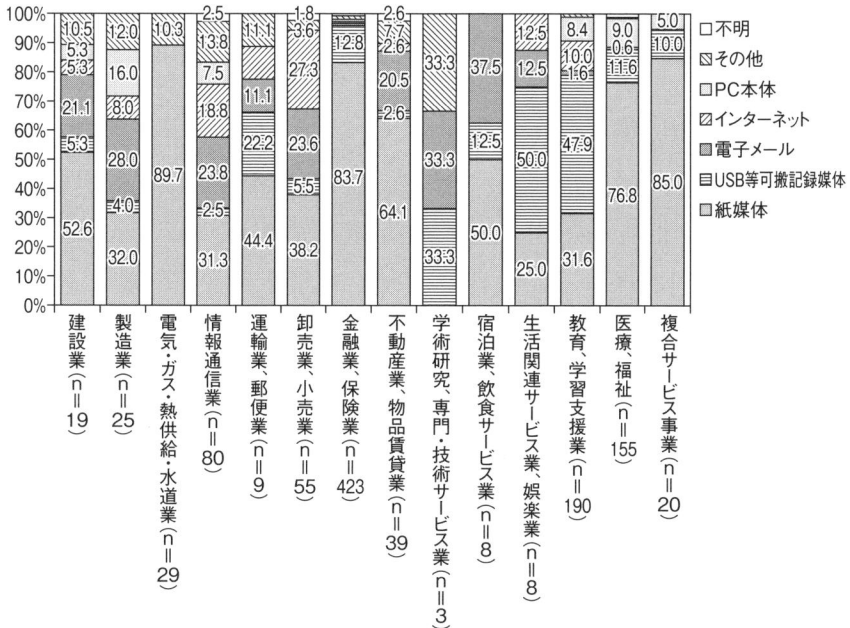

図表1-9●業種別の漏えい経路比率（件数）

資料：日本ネットワークセキュリティ協会、「JNSA2010年情報セキュリティインシデントに関する調査報告書」

(2) 電子文書管理の副次的効果

　紙媒体を電子化することは、セキュリティ対策などのほかにもメリットが数多くあります。まず、紙文書の保管に関わる経費が削減できます。保存義務のある文書の保管（場所）コストは、地価の高い地域では、年間を通じて大きな負担となります。

　また、紙での保管・保存では有事の際に再現性が難しいことが、2011（平成23）年3月に発生した東日本大震災で証明されました。電子化したデータであれば、離れた別の場所にあるデータセンターにバックアップを取っておくなど、分散化して保存することが可能になります。

　さらに、いつでも参照できる、他事業者へデータとして情報を発信することができるなど、情報活用の仕方も大きく変化します。

事例◆A介護事業所におけるデータの電子保存の有用性

　東日本大震災で被害にあった宮城県のA介護事業所は、利用者情報などのデータをインターネットデータセンター（IDC）に保管していました。震災後に停電が起き、パソコン、インターネットがしばらく利用できなくなりましたが、電気が復旧しそれが利用できる環境になると、利用者の情報は取り戻せました。

　一方、利用者情報を紙媒体で管理していたB介護事業所では、介護職員や家族の記憶を頼りにケアを行ったということです。

　この事例からも、紙文書をデータ化したうえで外部保存する必要性が理解できるはずです。また、電子化したデータは共有しやすくなります。介護事業所では、1人の利用者に多くのスタッフが関わることが多いため、情報共有のメリットは多くあります。

事例◆医療法人T会における情報漏えい防止対策

◆医療法人Tデータ◆

法人概要：病院、診療所、介護老人保健施設、訪問看護ステーション、居宅介護支援事業

職員：約1,000名

　医療法人T会は各施設が地理的に分散しているため、システムのクライアント端末[※4]の管理統制が困難な状況でした。そこで、個人情報保護法の遵守、情報漏えい防止対策として、各施設に分散するシステムのクライアント端末の監視システムを導入しました。

　クライアント端末の監視システムとは、グループ全体にひも付くコンピュータの利用状況を一括管理するものです。監視の対象は、業務に必要のないWebの閲覧、USBメモリなど外部記憶装置の利用、不必要なソフトウェアのインストールなどです。システムで監視し、違反者に対して指導を行います。ログ[※5]を取られている（監視されている）ということを示せば職員への抑止効果にもつながり、そのリスクを軽減できます。

　クライアント端末監視システムには、各クライアントを管理者が遠隔操作できる機能が備わっているものもあります。医療法人T会では、各施設からのシステムについての操作問い合わせやトラブル連絡などに対し、管理者がその施設に行かなくても遠隔操作である程度の対応は可能となります。また、各クライアント端末に入っているWindowsなどのOSやソフトウェアのインストール状況の資産管理についても、システムで管理ができ、これらに掛かる工数が激減したことも、副次的効果として挙げられます。

[※4] クライアント端末：サーバに接続されたパソコン。
[※5] ログ：コンピュータの利用状況やデータ通信の記録。

事例◆株式会社Wケアセンターにおけるデータ持ち出し運用

◆株式会社Wケアセンターデータ◆

法人概要：居宅介護支援事業、訪問介護事業、訪問入浴

職員：約15名

　Wケアセンターでは、毎月行われる担当者会議のために、USBメモリ[※6]を使って利用者情報をデータで持ち出しします。USBメモリにはさまざまなタイプがあります。本法人で使用しているのは、内蔵のソフトウェアでのパスワード認証により、データ書込（暗号化）/取り出し（復号化）[※7]ができるUSBメモリです。USBメモリ内に書き込まれたデータは、強制的に暗号化されます。USBメモリのデータを持ち出す際に紛失、盗難にあった場合でも、データの内容が漏えいする心配がありません。

　紙運用を極力避け、データを効果的かつ安全に担当者会議に利用している事例です。

※6 USBメモリ：パソコンについているUSBポートに差し込むだけで使える小さなデータ記憶装置。かつてはパソコン同士でデータをやりとりするときはフロッピーディスクを利用していたが、USBメモリはフロッピーディスクの大容量版。

※7 暗号化/複合化：データを普通の状態で読めないようにする処理が「暗号化」であり、暗号化されたデータを読めるようにする処理が「復号化」。

4 介護事業者を取り巻く主なシステム群

　介護サービスを提供していくうえで利用するシステムは数多くあります。それぞれのシステムが相互に連携することで、業務をより効率化することができます。

1 フロントオフィスシステム（対外）

（1）介護保険請求システム

　介護サービスの予定や実績情報を管理するとともに、毎月の国民健康保険団体連合会（国保連）への請求伝送業務や、利用者への給付管理業務を行うシステムです。介護保険請求は原則伝送で行われるため、ほとんどの事業者で利用されています。

（2）介護記録システム

　入浴・食事・排泄・バイタルなどの記録や、利用者へのサービス実施状況などを、利用者を軸に管理するシステムです。紙媒体で記録業務を行っている事業者が多く、システム化しにくい分野です。

（3）利用者台帳システム

　介護保険請求に必要な情報を管理するシステムです。介護保険請求システム、介護保険記録システムなどのベースとなる部分です。

（4）スケジュール管理システム

　訪問スケジュールや事業者内の行事などを管理するシステムです。

訪問看護や訪問介護などにおける訪問担当者だけでなく、問い合わせがあった場合に対応する事業所内のスタッフや次回訪問する予定の別のスタッフなどの関係者も確認できる必要があります。

2 バックオフィスシステム（事業者内）

（1）人事・給与管理システム

　人事や給与の情報を管理するシステムです。管理する内容は、社員の採用から退社までのデータ、給与や税金の計算、控除の処理などです。

（2）勤怠管理システム

　職員の勤怠（就業）状況を把握して管理するシステムです。出退勤や欠勤などの就業状況の把握管理を行います。勤務シフトを作成するなどの処理も行います。

（3）財務管理システム

　資産、負債、純資産、損益、キャッシュフロー（お金の流れ）などを管理するシステムです。

確認問題

問題1　下記の選択肢①〜⑤のうち、誤っているものを2つ選びなさい。

[選択肢]

①ITは「情報技術」と訳し、一般企業だけでなく、介護業界においても、今やなくてはならないツールとなっている。

②介護業界におけるIT構築で一番留意すべき部分は渉外(営業活動)の部分である。

③情報漏えいの原因として8割を占めるのは人的ミスである。

④紙媒体で保存してある文書を電子化するメリットは保管場所のコスト削減のみである。

⑤介護業界のITは主に、介護保険請求システムや利用者情報管理システムが挙げられるが、そのほかにも勤怠管理や人事・給与管理といった利用者に直接関係のない部分でのシステムも必要となる。

確認問題

解答 1　②　④

解説 1

①○：インターネット普及率が年々高まり、介護業界においても、ワムネットの検索や介護保険請求業務などにおいて日常的に利用されています。

②×：利用者の機微な情報を扱う介護事業者にとって、システム構築のうえで一番留意するべき部分は個人情報の保護であり、セキュリティ対策です。

③○：管理ミス、誤操作、紛失・置き忘れが情報漏えいの原因の上位3位を占めます。

④×：保管場所のコスト削減だけでなく、セキュリティ対策や災害対策としても効果をもたらします。

⑤○：バックオフィス業務では一般企業と同様に会計・勤怠管理なども必要となります。

第2章
介護保険請求システム

1. 介護保険請求システムの種類
2. 介護ソフト業界の現状
3. 介護ソフトの導入にあたって

1 介護保険請求システムの種類

1 ASP型とパッケージ型

　介護ソフトには2種類あります。インターネットを介してアプリケーションソフトを使用する「ASP[※1]型」と、パソコンまたはサーバーにインストールして使用する「パッケージ型」です（**図表2-1**）。

2 ASP型介護ソフトの特徴

　インターネット回線（ADSL、光回線）を使ったASP型介護ソフトは、導入コストを安価にしただけではなく、それまでISDN回線の契約をしなければできなかった国民健康保険団体連合会（国保連）への介護保険伝送請求がISDNなしで簡単にできるメリットをもたらしました。最近はASP型介護ソフトの増加により、以前に比べて安価な料金体系で介護保険請求サービスを提供するソフト会社も登場しています。

　ただし、ASP型ではインターネット上で介護保険請求などの業務を行いますから、個人情報などセンシティブな情報の漏えいリスクが増加します。そこで、第1章で触れたセキュリティ対策を施す必要が出てきます。

※1 ASP：Application Service Providerの略。インターネットを通じて業務用アプリケーションを提供するサービス。サービスの利用者は、WebブラウザなどからASP事業者のサーバーにインストールされたアプリケーションを利用。

図表2-1 ● ASP型とパッケージ型

インターネットデータセンター（IDC）に導入したアプリケーションをインターネットを通じて利用。

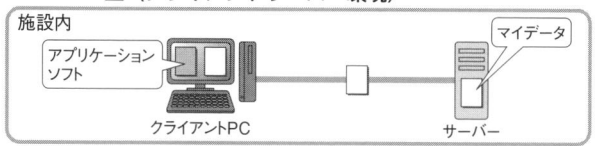
施設内のクライアントサーバーにアプリケーションを導入し利用。

3 パッケージ型介護ソフトの特徴

　パッケージ型介護ソフトのメリットは、どこにあるのでしょうか。
　ASP型ではセキュリティ対策を十分に行う必要があることは前述しましたが、パッケージ型ならその心配がないかといえば、そんなことはありません。ASP型は、システムを使用するうえでインターネット接続が前提となりますのでセキュリティへの配慮が必要なのは当然ですが、パッケージ型もインターネットに接続すれば同様の問題が発生します。
　パッケージ型介護ソフトを導入するメリットとしては、介護以外のソフトと介護ソフトを連携・連動できる点が挙げられます。ASP型では介護ソフトに入力した情報がユーザー側にないため、ほかのシステムと連携・連動させることは難しい場合がありますが、パッケージ型であれば自法人の管理下にデータが存在するので、他業務でのデータ活用がしやすいのです。また、パッケージ型介護ソフトは法人内のネットワークという限られた範囲で利用するので、回線障害などの外部要因に左右されることもありません。
　このようなASP型とパッケージ型のメリット・デメリットをしっかり把握したうえで介護ソフトを導入することがカギと言えます。さ

らに後述するように、介護ソフト会社を適正に選定することも重要です。

図表2-2 ● ASP型とパッケージ型のメリット・デメリット

ASP型	メリット	サーバーの管理・運用工数がかからない
		インターネットがつながる環境であれば、基本的にシステムを使用することができる
		サーバーの導入・保守の費用が発生しない
		ソフトメンテナンス、改正対応等はソフト会社側で一括して行う
		ISDN回線を使用する必要がない
	デメリット	セキュリティ(情報漏えい防止対策)を熟慮する必要がある
		多数のベンチャーソフト会社があり、選定が難しい
		インターネット回線に依存している
		ソフト会社のスケジュールでメンテナンスが行われる
パッケージ型	メリット	ほかのシステムとのデータ連携・連動の拡張性がある
		インターネット回線に接続しないことにより、セキュリティを高めることができる
	デメリット	サーバーの管理・運用工数がかかる
		ソフトメンテナンス、改正対応等はユーザーで行う
		サーバーの導入・保守の費用がかかり、メンテナンスが重要となる

4 ASP型介護ソフトの選定

　ASP型介護ソフトの特徴としてまず思い浮かぶのは、安い、便利という点ですが、本当にそれだけでしょうか。よく下調べをせずに導入してしまうと、デメリットが判明した際に、ソフト会社とトラブルが生じる可能性もあります。あってはいけないことですが、もし利用者情報などが漏れたり改ざんされたりすれば、その代償はとても高くつきます。

　このことから、ASP型介護ソフトを導入する際には、「万全のセキュリティ対策が施されているか」が重要なポイントになります。

5 セキュリティ面で安心できる介護ソフト会社とは

　どんな介護ソフト会社も、営業段階では「セキュリティ（データ保管場所）は万全である」と説明すると思います。このような状況のなかで、セキュリティの程度を見極めるのは難しいかもしれません。そこで、下記のポイントを参考にしてみてはいかがでしょうか。

①ISMS（情報セキュリティマネジメントシステム）を取得している

　ISMSとは、情報セキュリティにおける、個別の問題への技術対策のほかに、組織のマネジメントとして、自らのリスクアセスメントにより必要なセキュリティレベルを決め、プランを持ち、資源配分してシステムを運用することです。組織が保護すべき情報資産について、機密性、完全性、可用性をバランス良く維持し改善することが、ISMSの基本コンセプトです。

　国際的に整合性の取れた情報セキュリティマネジメントに対する第三者適合性評価制度として、ISMS適合性評価制度があります。認定を取得するには認証機関に申請し、審査をクリアすれば登録がなされます。

　ISMSを取得している、という事実は情報セキュリティ面で適正に運用されていることを示すものです。取得などの具体的手順は、一般財団法人日本情報経済社会推進協会（JIPDEC）のホームページで確認できます。

②「ASP・SaaS[※2]安全・信頼性に係る情報開示認定制度」で認定を受けている

　この制度は、ASPサービスの活用を考えている企業や地方公共団体などが、事業者やサービスを比較・評価・選択する際に必要な情報を得られるよう、「安全・信頼性の情報開示基準を満たしているサー

※2 SaaS:Software as a Serviceの略。一般的にシステムの機能のうち、必要とするものだけを利用できるソフトウェアの形態。サービス型ソフトウェアとも呼ばれる。ユーザーは必要な機能のみを必要なときに利用でき、利用する機能に応じた分だけ料金を支払う。

ビス」を認定するものです。ASPやSaaSを提供する事業者自体の安全・信頼性に関する情報、サービスの安全・信頼性に関する情報が審査対象となります。認定を受けているかどうかは、システム選択時に製品カタログなどで確認するとよいでしょう。

　介護事業種は複数あり、それに対応するシステムも複数あります。また、各事業に対応した複数のシステムを一括して提供しているソフトメーカーは少なく、かつ上記①、②の要件を満たしているASP型介護ソフトはさらに絞られます。ASP形態のソフトを選定する際は、限られた中での選択となりますので、ASP・SaaS型が自法人にとってどんなメリットがあるかを考える必要があります。

2 介護ソフト業界の現状

1 成熟途上の介護ソフト業界

　2000（平成12）年の介護保険制度スタート以来、さまざまな企業が介護ソフト業界に参入し、ソフト会社だけで数百を数えるほどでした。一般的な販売管理ソフトなどを提供する企業数から比べると、介護保険業務だけで数百社というのは非常に多く、特徴もさまざまあり、競争が激しい市場と言えます。これは、国をはじめ、多くの有識者が介護業界を成長分野として位置付けた結果と言えます。

　しかし、いざ参入してみると、3年に1度の介護保険法法改正・介護報酬改定への対応、機能強化への投資などを求められ、決して楽に商売が成り立つわけではなく、その厳しさから撤退していくソフト会社が数多くありました。

2 介護事業所の種類と介護ソフトの選定

　介護サービスの種類は多岐にわたり、なかなか一括りに管理することは難しいでしょう。訪問介護、訪問入浴介護、訪問看護、訪問リハビリテーション、通所介護、通所リハビリテーション、特定施設入居者生活介護、福祉用具貸与、居宅介護支援、介護老人福祉施設など、今後もサービスの種類が増えたり、括りが変わる可能性があります。そんななかで介護ソフトを導入する際は、自法人の業務運用と照らし合わせ、必要な機能が備わっているかを確認することが必要です。

介護サービスの種類にかかわらず、介護保険請求ソフトの主な目的は、プランと実績に基づいて、遅滞なく国保連と利用者への請求を行うことです。国保連への請求を間違いなく行うためには、日常の介護業務に関する詳細な帳票作成が必須となります。そのため、多くの介護ソフトには国保連への請求システムだけではなく、介護サービスの種類ごとの介護業務を管理・支援する機能が付いています。例えば、通所介護であれば、利用者のスケジュール管理や申し送り管理などの機能です。ただし、国保連への請求さえできれば事業所としての最低限の運営は可能なので、スケジュール管理などの付帯業務は、手書きで行うより簡単かつ便利にはならないという理由で、なかなかシステム化に踏み切らない事業者が多いのも確かです。

3 よい介護ソフト会社とは

　介護保険制度に関する業務処理を行う場合は、目的が特定されているので、介護ソフトの基本的な機能差は大きくありません。介護ソフト会社側に求められるのは、「ソフトの使い勝手を考慮しながら、法改正・介護報酬改定に対応していること」です。

　介護ソフトを導入するうえでは、導入コストや機能の多少の差よりも、「ソフト会社側に、ユーザーとともに常に成長しようとする意志があるか」、「ソフト会社側に、ユーザーの意見・要望を検討し、できる限り対応しようという姿勢があるか」が、大きなポイントとなります。

　同時に知っておくべきことは、「行き過ぎた価格競争」のために、経営状態が不安定になってしまう企業も少なくないという事実です。

　例えば、あなたが介護ソフト業界へ新たに進出しようとしている会社の経営者だとしたら、2000（平成12）年の介護保険制度スタート以前からある老舗（しにせ）ソフト会社と肩を並べて競争するわけです。あなたの会社の資産が潤沢にあれば別ですが、老舗ソフト会社と同様の機

能・サポート体制を整えるのはなかなか難しいでしょう。企業経営を考えると、限られた機能とサポート体制で、とにかく安く売って実績を得ることで他社に対抗しようとするかもしれません。

　これは、どんな結果を招くでしょうか……。経営基盤のしっかりしていない介護ソフト会社であれば、無理な価格競争を続けることによってその存続自体が危ぶまれる状態になってしまったり、経営状態の悪化で突然、介護ソフト業界から撤退することも考えられます。実際に、経営破たんした企業がユーザーへのサポートを打ち切った例もあります。良心的な介護ソフト会社では、ユーザー情報をほかのソフト会社に移管したうえで撤退したところもありますが、大切な利用者情報（介護保険請求・介護記録など）を移管しているわけですから、セキュリティという観点で不安があり、またその責任の所在も明確でないケースが多いことは明らかです。

　派手な宣伝や、安い利用料金に惑わされずに、しっかりした経営基盤を持ったソフト会社を選択することが必要です。導入したソフトを安心して長く使い続けるためにも、介護ソフトの選択には、介護関連事業を主軸業務としている体力ある企業を選ぶことが重要です。

3 介護ソフトの導入にあたって

1 介護事業所の課題

　介護保険請求業務には、利用者の登録からアセスメント、ケアプラン(介護サービス計画)作成などの初期業務や利用票・提供票作成、個別援助計画などの介護業務に加えて、介護職員のスケジュール管理なども加わってきます。

　さらに昨今では、介護記録も紙ではなく介護ソフト内で管理し、事業所間でのスムーズな情報伝達、集計・分析などを行える介護ソフトも多くなりました。紙に残していたケア記録を利用者やその家族のために活用したいと考える事業者では、ケア記録を電子化する必然性を理解しやすいでしょう。ただし、業界の特性上、実際にケア記録を入力する介護職員の年齢層は高く、パソコンを苦手とする人も少なくありません。職員のパソコンスキル向上は今後、業界全体で取り組むべき課題と言えるでしょう。

2 将来の拡張性を考える

　小規模な介護事業所では、提供する介護サービスの種類が限定されているので、導入する介護ソフトもそのサービスだけに対応していればよいと判断するケースが多いと思います。

　しかし、将来的に介護サービスの種類や事業所が増えていくことは十分に予想され、現在使っている介護ソフトでは対応できないなどの

事態が発生する可能性もあります。これまで蓄積してきたデータを新しいソフトに移し替える（データ移行）必要性が生じた場合、多くの費用や作業が発生することは目に見えています。何年にもわたって蓄積してきた膨大な利用者情報のすべてを間違いなく移し替えることは至難の業です。ソフト会社の中にはデータ移行の支援サービスを行っているところもありますが、もちろん有償作業となります。

　介護ソフト導入に際しては、自事業所の将来を見すえ、今後どのような介護サービスを提供していくべきかを考えることが前提になります。そのうえで状況が少々変化しても安心して使い続けられる介護ソフトを選ぶべきです。

3 導入のポイント

　近年、介護業界への新規参入企業が増え、介護ソフトの種類も多くなってきました。介護保険請求業務をサポートする介護ソフトを選ぶ際は、安定性・信頼性が大きなポイントになります。

　最適な介護ソフトを選定するためには、次の3点を必ず確認するようにしましょう。

①ソフト会社が提供する介護ソフトが、自事業所の運用体制に合っているか。
②日々の業務を効率化できる機能がそろっているか。
③導入費用が経営の負担にならないか。

　また、介護ソフトを開発・販売・運営している会社の経営基盤を確認することも忘れないでください。

確認問題

問題1 下記の選択肢①〜③のうち、誤っているものを1つ選びなさい。

[選択肢]

①介護保険請求システムは、大きく分類するとパッケージ型とASP型の2種類があり、それぞれに特徴がある。

②ASP型の介護保険請求システムのメリットはサーバの管理や導入コストなど初期費用が少なく、保守メンテナンスも楽に行える点である。

③どの介護事業であってもシステムは統一なので、特に気にしてシステムを選択する必要はない。

確認問題

解答1 ③

解説1

①〇：それぞれにメリット・デメリットがあります。

②〇：そのほかのメリットとして、法改正対応もソフト会社側が行うので、改正バージョンアップ作業を事業者側で行うことがないため手間を削減できます。

③×：介護事業ごとにシステムが分かれている場合が多いので、実施している事業種を網羅しているかを確認する必要があります。

第3章
利用者情報管理システム

1. 利用者情報の管理・運用
2. アナログとデジタルの併用

© Lai Leng Yiap - Fotolia.com

1 利用者情報の管理・運用

1 個人情報である利用者情報管理

　利用者情報は、介護事業でITを活用するための基盤となる情報であり、もっとも重要かつセンシティブな管理事項です。また請求業務や記録業務など、あらゆる業務で利用される基本情報でもあります。

　介護保険の要介護認定後(場合によっては認定前)から、サービスを行う事業所には、利用者情報が登録されます。利用者情報は大変センシティブなものですので、取り扱いには細心の注意が必要です。そういったセンシティブな個人情報でありながら、介護業務のあらゆる場面で日々利用されています。IT利用に際しては、利用者情報の取り扱いや情報セキュリティに配慮した運用面でのマニュアル整備が絶対条件になっています。

　本来保護されるべきプライバシーでありながら、一方で、その情報が自在に活用できなければ、介護業務遂行に支障が生じてしまう……利用者情報管理は、そういった矛盾を抱えています。

　この章では、ITシステムにおける利用者情報管理の運用面について解説していきます。

2 事業所の運用課題

　介護事業所における利用者情報の管理・運用は、だいたい以下のような形で行われますが、さまざまな課題を抱えていると思われます。

①サービス提供票や介護記録は、原本をそのままキャビネットに保管している。
②過去の利用者情報に関するファイルは、オフィスとは別の倉庫に保管している。そのため、過去の利用者の再入居時の情報検索などで手間取ることがある。
③介護に関する問い合わせが入ったとき、目的の書類がなかなか見つからず、すぐに回答できないことがある。
④要介護者に対する最新のケア状況がすぐに確認できるシステムにはなっていない。もしくは確認するのに時間がかかっている。
⑤介護に関する情報共有は、情報に変更があった場合には原本に追記し、それを配布し確認を行っている。

　例えば、①～③のような運用に対しては複合機とITシステムを組み合わせて導入し、介護記録などの膨大な紙文書をスキャンしてデータ化する文書管理システムを活用することにより、検索効率などを飛躍的に高めることができます。これにより、課題の一部分が解決できます。

事例◆H社会福祉協議会における文書管理システム

　H社会福祉協議会では、複合機のスキャン機能により紙媒体、電子媒体の管理を行っています。**図表3-1**のように、このシステムでは書類を簡単に利用者ごと、種類ごとに複合機を使って管理できます。複雑な手順で行わなければならないIT化は介護現場では受け入れられにくく、このような簡単な運用が介護現場から自然発生的に生まれています。

　また、管理面の強化を図るため、セキュリティ系ツールを併用することで情報漏えい防止対策も同時に行っています。**図表3-2**のように、利用者情報を印刷する際に職員のIDカードをかざすことが必要です。これにより、出力指示を出した人しか出力ができな

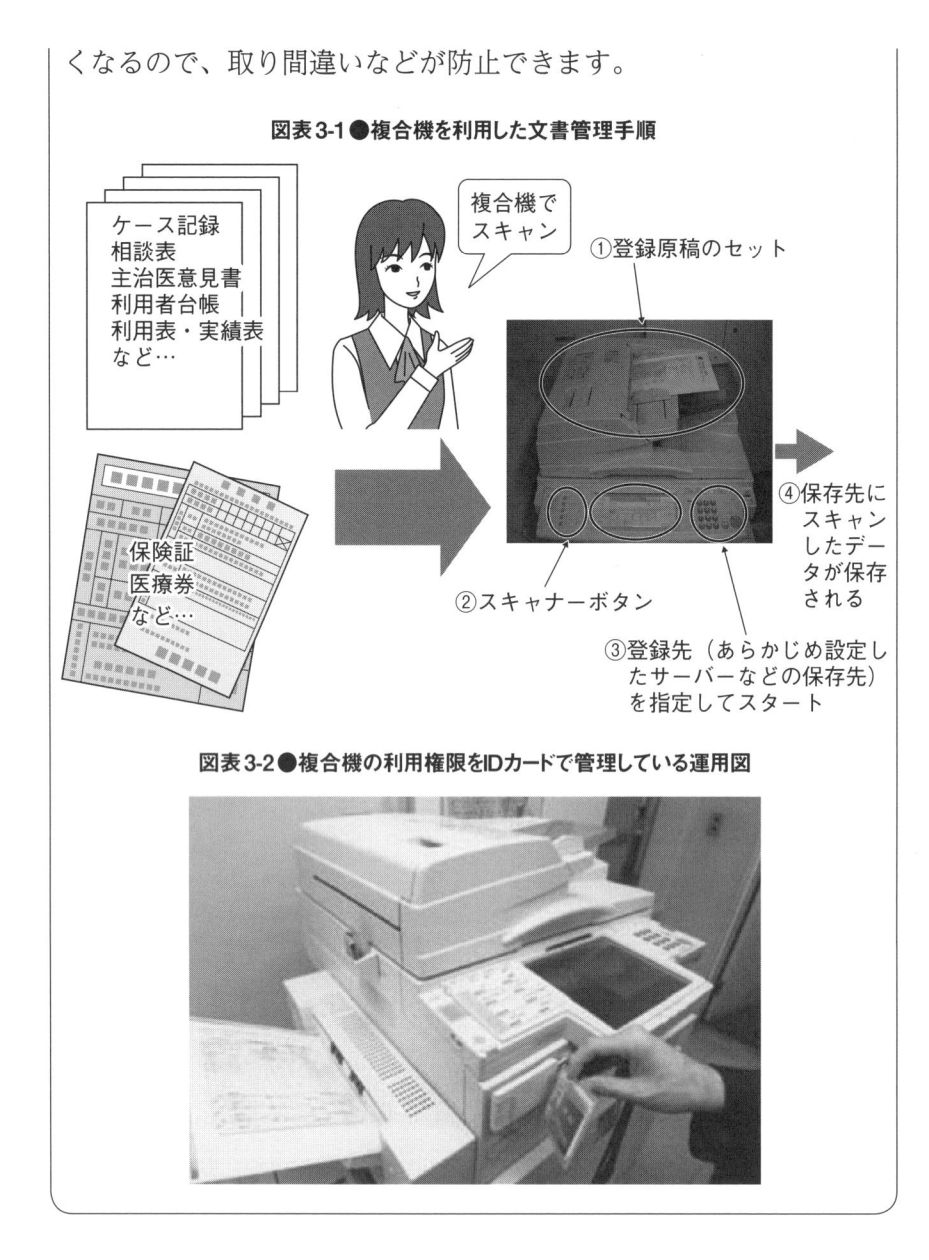

くなるので、取り間違いなどが防止できます。

図表3-1 ●複合機を利用した文書管理手順

ケース記録
相談表
主治医意見書
利用者台帳
利用表・実績表
など…

保険証
医療券
など…

複合機でスキャン

①登録原稿のセット
②スキャナーボタン
③登録先（あらかじめ設定したサーバーなどの保存先）を指定してスタート
④保存先にスキャンしたデータが保存される

図表3-2 ●複合機の利用権限をIDカードで管理している運用図

　介護施設・事業所によってサービス提供の体制・環境、利用者・職員間の関わり方、職員のスキルなどは異なりますので、状況に合わせてセキュリティレベルを設定することが重要です。セキュリティを高めればより安全に利用者情報を管理できますが、操作性が落ち、業務効率が下がることもあります。
　利用者情報管理をIT化し効率的に行うには、利用者・関係者そして職員の満足度・効率化を高めるためのツールとしての利用を促進す

ることが大切です。IT業界の背景・動向などの外的な要因、施設・事業所の状況も踏まえ、よりよいIT推進を実践していきましょう。

3 2種類の利用者情報管理システム

　ITを利用した利用者情報管理システムは、大きく2つに分類できます。1つは、介護保険請求業務を行うことを目的としたものです。もう1つは、介護現場で日々起きている事象を管理する介護（処遇）記録を主としたものです。

　特に後者の介護（処遇）記録管理システムは、介護現場での運用効率や使い勝手・操作性を第一に考える必要があります。また、要件としてオープンな環境[※1]でシステムに頼らず、紙やホワイトボードといったアナログ運用を求められる場合もあります。一方、個人情報の保護、セキュリティの面では、クローズ・デジタル運用[※2]を求められることもあります。

　これら利用者情報管理システムの利用者データは、利用者と家族のために守られるべきものです。同時に事業者にとっては、サービスの品質向上、経営・事業計画のもととなる資産でもあります。

　時代の流れやニーズの多様化に対応し、患者・利用者サービスの品質向上を主眼に置いた医療・福祉間の「切れ目ないケアサービスの提供」を実現するためには、さまざまな媒体でのデータ管理と、職員誰もが使いやすい環境の整備を欠かすことができません。

4 利用者台帳管理の2つの側面

　ITによる利用者台帳管理に関しては、従来、介護保険請求を請求期間内に実施することに重きが置かれていたように感じます。その理

[※1] オープンな環境：職員の誰もが必要なときに情報を閲覧でき、使用できる環境になっていること。例えば、紙によるファイリング運用のように誰もが使える環境。
[※2] クローズ・デジタル運用：主にITによりシステム化された環境。職務権限に応じたセキュリティ環境で運用されていること。

由としては、介護保険請求管理システムが主業務として捉えられているからでしょう。その結果、介護保険請求を実施するために、ある一定時点で確定している情報を体系的に管理する台帳管理が運用されてきました。いわゆる介護保険請求業務のための静的な情報管理です。

　しかし、数年前から利用者台帳管理に対する要求が変化してきています。それは、介護現場における介護（処遇）記録のシステム管理の必要性です。利用者の日々の生活情報やバイタルサインの確認、リスクマネジメントを主眼とし、ヒヤリハット・事故報告までが対象となってきており、介護記録を時系列に管理することが求められているのです。言い換えれば、利用者の生活における一定期間の推移を把握するための動的な情報管理と言えます。

5　静的情報と動的情報の一元管理の必要性

　このような静的情報と動的情報ごとに、利用者台帳管理システムが分割されているケースが散見されます。本来、利用者情報管理は、個人単位で一元的に行われ、最新情報として簡単・迅速に認識でき、必要に応じて取り出せる仕組みが必要です。この点が利用者情報管理（利用者台帳管理）の課題となります。

6　利用者情報の静的・動的な特性

　まず、それぞれの情報に関する振り返りをしたいと思います。
　静的情報には、どのようなものがあるでしょうか。例えば、利用者の介護保険情報やインテークで得た基本属性等のフェイスシート情報が主に存在します。これは利用者が要介護認定を受ける（受けた）際の最初の情報であり、ケアプラン・個別援助計画を作成するうえで必須の情報です。静的情報は、介護保険を利用する入り口の情報となる

ため、これをいかに簡単に早く正確に台帳に保存できるか、つまり使いやすく管理できるかがポイントとなります。また相談業務を行っている場合には、応対の履歴管理との連携や、医療・福祉連携を考慮した他施設・他事業所、ケアマネジャー・ソーシャルワーカー等のキーパーソンとの連携に関する項目も管理できることが要件に挙がってきます。

次に、動的情報にはどのようなものがあるでしょうか。サービス提供後の介護（処遇）記録管理が中心で、さらにバイタルサインの確認、ケア結果、特記事項の記録、ヒヤリハット・事故報告、システムを用いた申し送りなどが挙げられます。

いずれの情報も、介護施設・事業所の種類を問わず日常的な介護業務に必要な情報です。日常の業務は、請求（管理）と記録（管理）をそれぞれ分断し管理していることが多いと感じます。例えば請求（管理）はシステム、記録（管理）は紙や表計算ソフトなどによる別管理などです。しかし、本来、情報は一元的に管理・運用されることが望ましいのではないでしょうか。

また、多くの事業所では、組織運営が事務職部門、介護職部門に区分され行われています。そのため介護業界向けシステムは、製品群をそれぞれの部門単位で構築しているケースが散見されます。結果として、蓄積されるデータは部門内での利用にとどまることもあり、施設・事業所内全体での情報共有を促進するには至らないケースもあります。システムを分けて使うことにより、重複した業務が発生します。結果として、職員の負荷・作業工数は増大し、ひいては利用者一人ひとりの変化を知る際のタイムラグにつながってしまうのです。

図表3-3 ● 利用者情報の静的・動的な特性

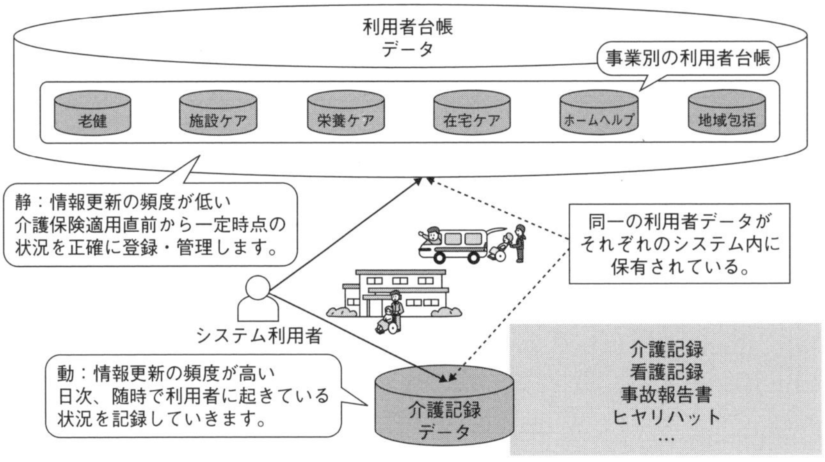

利用者台帳データ
事業別の利用者台帳
老健／施設ケア／栄養ケア／在宅ケア／ホームヘルプ／地域包括

静：情報更新の頻度が低い
介護保険適用直前から一定時点の状況を正確に登録・管理します。

同一の利用者データがそれぞれのシステム内に保有されている。

システム利用者

動：情報更新の頻度が高い
日次、随時で利用者に起きている状況を記録していきます。

介護記録データ

介護記録
看護記録
事故報告書
ヒヤリハット
…

7 利用者台帳管理の課題

利用者台帳管理の課題としては、次の3点が挙げられるでしょう。
① 異なる特性の情報の一元的な管理方法
② 利用者情報をサービス提供前から捕捉するための手法と工夫
③ 業務遂行および情報処理の際に部門間をつなぐ仕組み

それぞれについてITを用いた解決案を考えていきましょう。

(1) 解決案① 一元管理の方法

まず課題①を考える際の大前提は、部門間でコミュニケーションを多く取り合うことが重要であるということです。相手を認識し理解する言葉があって初めて意思疎通を図れるからです。そのうえでIT利用を促進し課題解決につなげるのです。

利用者台帳管理には当然のことながら、一元化されたシステムが求められます。また、情報登録に関しての処理については介護保険請求のための登録業務としての一方向的な仕組みではなく、関係部門や担当者への情報配信、もしくは双方向での情報交換が必須と考えます。もちろん、介護報酬の影響への対応や緊急性のある対応については優

先して業務を行えるように管理します。

　このような運用を行うことにより、登録時の重複、入力漏れ、入力ミスの防止が可能になります。

　さらに、特定の利用者に関わる情報の共有化といった視点で業務が処理されるため、利用者視点でのサービス提供にも寄与できると思います。グループウェアなどとの連携により、介護職員間の情報交換・コミュニケーション促進を図ると、よりスムーズな運用ができるでしょう。

（2）解決案② サービス提供前の情報収集

　課題②の解決のためには、課題①と同様に部門間・介護職員間の情報交換・コミュニケーションが不可欠であることは言うまでもありません。

　さらに必要な工夫は、外部との連携体制づくりです。第5章でも触れますが、外部に向けた情報発信を行うことが情報収集の有効な手段になります。

　例えば相談業務システムとの連携や、ケアマネジャーなどキーパーソンとの情報交換の履歴管理の仕組みづくりです。サービス提供前は営業してきた状況で情報を得るため、静的な情報としての利用者台帳管理のシステム範囲になります。情報としては介護認定前のケースが多いでしょう。情報の特性としては、サービス提供に至らないことから、日々の変化を知ることが難しく、システムの管理が困難でもあります。しかし今後は、医療・福祉連携が業界の垣根を越えて進むため、サービス提供が始まる前に川上の情報捕捉を行っておかなければ、準備の遅れにより、利用者に介護保険サービスが一定期間提供されないことにもなりかねません。ITの仕組みとしても、利用者へのサービスがスムーズに提供できる医療・福祉連携を実現することが重要となってきます。

　システム化への対応としては、相談・応対履歴管理システムや営業支援システムによる情報の蓄積と介護システムとの連携が有効な手法

と考えます。最近は、携帯型端末（モバイル、スマートフォンなど）の利用により、施設・事業所内外でいつでも情報の確認・更新作業をすることができるようになりました。また外部への情報発信方法として、従来はホームページの公開、その後の問い合わせのWeb利用が中心でしたが、時代の変化と携帯型端末の普及によりブログ（特に経営・管理層）、SNS、ツイッターなどとの連携を図り、情報提供をさらに身近に感じさせる工夫をする施設・事業所も出てきています。

（3）解決案③ 部門間をつなぐ仕組み

　最後に課題③については、大部分が課題①と共通した内容と言えます。違いは介護システムの利用ではなく情報共有ツール、いわゆるグループウェアの利用が主となることです。グループウェアを活用した利用者情報管理の大切な点は、利用者だけではなく職員の管理があって初めて実現ができるということです。そのため利用者情報管理を行う際には、職員のITスキルに応じてシステムを運用する必要があります。

　グループウェアの活用例は職員のスケジュール管理、伝達事項の掲示板利用などです。また、介護システムに登録できない情報や介護システムに含まれない情報・媒体の共有などについては、文書管理システムやワークフロー（電子申請・承認）システムにより対応することができます。

　具体的には、アナログとデジタルの併用が対応策として挙げられます。その詳細は次節の「アナログとデジタルの併用」で解説します。

　利用者台帳管理の運用については、1つのアプリケーションに捉われないことが重要です。例えば、情報共有を主とするグループウェアなどとの連携を図ることで、情報を誰もが簡単に閲覧、運用できるのではないでしょうか。

2 アナログとデジタルの併用

ここまで利用者台帳管理における利用者情報の特性について述べてきましたが、その運用にあたってのアナログ[※1]とデジタル[※2]併用による管理と、今後の展望を考えていきましょう。

1 アナログとデジタルの併用のための準備

まず、デジタルでの運用を必須とする利用者情報にはどのようなものがあるでしょうか。国民健康保険団体連合会（国保連）にデータとして提出する情報が該当します。一方、アナログでの運用が部分的にも避けられない情報は、外部から受け取る紙媒体です。

こういった情報および文書に関する現状の把握と管理方法の見直しを実施すると、最終的に必要なデータ・帳票類が明らかとなります。同時に、それらにひも付く業務の流れを知ることができます。

図表3-4●アナログとデジタルの比較

	記録および伝達方法	保管方法	特性	課題
アナログ	紙	ファイリング	・スキルが不要 ・表現方法の違いが出る	・情報更新頻度の多い場合には整理・保管方法に工夫が必要 ・検索を行うのに時間がかかる ・保管スペースが必要 ・媒体の劣化 ・持ち出し管理が難しい
	声	録音（テープなどのアナログ保管）実際には難しい	都度発生	
デジタル	・アプリケーションなどの利用 ・データを共有	コンピュータに登録	スキルが必要	・情報の更新にスキルが必要 ・システムを刷新する際には移行に伴う時間を要する ・入力間違いから発生するリスク ・標準化されてしまい個性的な表現が少なくなる ・情報量が少なくなることもある

※1 アナログ：毎日、即座に知り得て、職員間で常に共有するべき情報を扱うのに適した管理方法。紙や掲示板、ホワイトボードを利用してすぐに見られる場所に情報を置く運用。
※2 デジタル：主に介護保険請求や介護記録などの情報を安全に扱うのに適した管理方法。日常的に手で触れられない場所（サーバーやデータセンター内）に情報を置く運用。

このようなステップを踏み、アナログであるべき、またはデジタルであるべき業務・データ・帳票類を認識することが、アナログとデジタルの併用による効果的な管理・運用へとつながっていきます。

2 アナログとデジタルの併用がなぜ必要か

情報および文書の現状の把握と管理方法の見直しが必要ということを前述しましたが、なぜそのような準備をしてまでアナログ運用を残さなければならないのでしょうか。内部と外部要因に分けて考えてみましょう。

(1) アナログ運用の内部要因

アナログ運用が必要な内部要因としては、まず介護職員の年齢層や勤続年数が短期という点が影響するITスキルの問題が挙げられます。介護職員の平均年齢は約6割が40歳以上であり、職員全体の約8割が女性、勤続年数は約5割が5年未満という総務省データがあります（総務省統計局、平成22年介護従事者処遇状況等調査）。ITは、標準化された業務・運用には効果を発揮しますが、イレギュラーの要素が多くなるにつれその効果は減っていきます。イレギュラーが複数認められ、当初の運用条件が崩れるほど状況が悪化すると、システムの未稼働にもつながります。そのためアナログ運用は、最低限度の標準化を保つために必要な方法と言えるかもしれません。また、ファイル単位にまとめておくことで直感的に内容が把握できて、調べたいときにその場で即、手に取り利用できるといった利点もあります。

一方、デジタル運用だと、即時性を求められた場合にシステムの起動が遅いため（機械の問題、使い方の問題など理由はさまざま）、運用に堪えないことがあります。システムが不具合を起こした途端に介護職員だけでは対応できなくなることなども、アナログ運用が必要な内部要因に挙げられます。

（2）アナログ運用の外部要因

アナログ運用が必要な外部要因としては、介護業界の根本が介護保険法に基づくため、法改正による影響を踏まえてシステムを構築しなければならないことが挙げられます。

また管理項目、形式について指定の書式を求められることや、外部による監査を意識した設計になっています。

（3）デジタル運用の内部要因

一方、デジタル運用をする必要性についても、アナログ運用と同様に内部と外部要因に分けて分析をしてみましょう。

デジタル運用が必要な内部要因としては、データを一元的に管理しその推移や傾向値を一目で迅速に判断できる仕組みの構築が挙げられます。これは、利用者サービス向上の観点から発生する課題に対する取り組みでもあります。

介護事業者では、データを「運営の指標」としても活用できることがシステム導入の目的にもなります。運営の指標とはコスト面や安全性を判断できる数値などで、情報を共有することによる職員のスキル向上のための材料です。主に統計・集計システムを活用することで実践可能です。

（4）デジタル運用の外部要因

デジタル運用が必要な外部要因としては（内部要因にも関係しますが）、他施設・他事業所との連携が挙げられます。個人情報保護法の観点から考えると、本人から情報を共有することについての合意を取得する必要がありますが、地域包括ケアシステム構想が実現するためには他事業者との情報のやり取りは不可欠であり、デジタル運用で行うべきものとなります。

3 地域包括ケアシステムにおけるデジタル運用の必要性

政府が掲げているグランドデザイン「どこでもMY病院」構想や2012（平成24）年4月の介護報酬改定より具体化された地域包括ケアシステム構想は、医療・介護業界を取り巻く状況と目指すべき方向性を知るヒントとなります。

社会保障審議会医療保険部会の資料（厚生労働省保険局、2011［平成23］年11月9日）には、医療・介護制度の効率的運営の面でのICT[※3]の利活用推進の記載があります。介護の面における具体的な記載はありませんが、これからの見通しを踏まえれば、ITの活用は重要になるのではないでしょうか。

地域包括支援センターの機能強化により、利用者を中心として日常生活圏域内の医療機関と介護事業者、そして地域の団体や協議会、自治会の相互での情報連携は必須になると考えられます。利用者の情報を、圏域内の機関で共有する必要があるからです（**図表3-5**）。

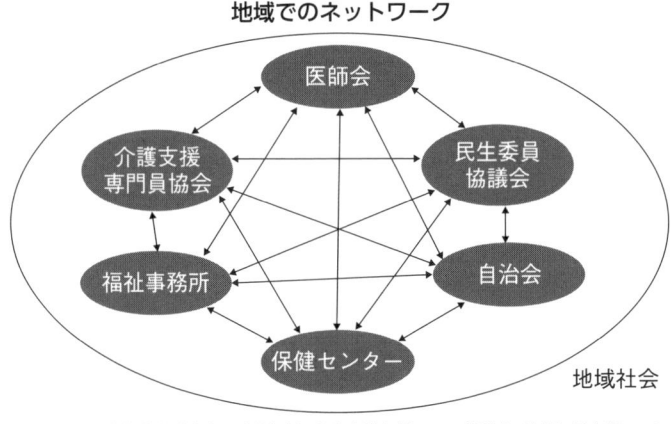

図表3-5 ● 地域でのネットワーク登場団体

地域でのネットワーク

（医師会、介護支援専門員協会、民生委員協議会、福祉事務所、自治会、保健センター／地域社会）

資料：社会福祉法人全国社会福祉協議会全国地域包括・在宅介護支援センター協議会、地域包括支援センター等による地域包括ケアを実践するネットワークの構築の進め方に関する調査研究事業、P7図2

これらの機関で、時間帯や体制間の垣根を越え利用者情報を共有する場合、アナログ運用では必要なときすぐに情報を取得することが不

[※3] ICT：Information and Communication Technologyの略。情報通信技術と訳される。ITとほぼ同じ意味だが、国際的にはICTが広く使われている。

可能に近いため、情報連携の実現が厳しくなります。このように外部環境への対応を考えると、デジタル運用の必要性が出てくるのです。

4 よりよいIT推進に向けて

　利用者情報管理を行うに当たっては、情報の特性、管理・運用のためのツールや方法、今後の介護業界の方向性を見据えて、システム構築を検討していく必要があります。利用者情報管理のIT化においては、利用者・関係者そして職員の満足度と作業の効率化を高めるためのツールとして利活用を促進することが大切です。介護業界の背景・動向などの外的要因、施設・事業所の状況も踏まえた、よりよいIT推進を検討・実践していきましょう。

確認問題

問題1 下記の選択肢①〜④のうち、正しいものを2つ選びなさい。

[選択肢]

①利用者台帳を管理する目的は、介護保険請求を正確に行うためだけである。

②利用者台帳を管理する場合、アナログとデジタルの両面から管理すると効率がよい。

③利用者台帳のアナログ管理のメリットは、保管場所などを気にせず、職員がどこにいても情報共有できる点である。

④利用者台帳のデジタル管理は、どこでもＭＹ病院構想や地域包括ケアシステムを実現するのに必要な基盤である。

確認問題

解答 解説

解答1 ② ④

解説1

①×：介護保険請求のための台帳管理とともに、利用者の状態を管理することも大きな目的となります。

②○：利用者台帳はさまざまなシーンで利用します。管理方法にはメリット・デメリットがあるので、それぞれのよい面を活かして管理していくのが望ましいといえます。

③×：これは、デジタル運用のメリットです。アナログ運用では、紙媒体やホワイトボードを利用するため、その場でないと台帳利用ができない点がデメリットとなります。

④○：医療と介護の連携、地域連携においては他法人・他事業所と利用者台帳の情報を共有する必要があるため、デジタル運用で行うほうが連携を取りやすいといえます。

第4章
バックオフィス業務

1. バックオフィス業務
2. 人事考課・給与管理、勤怠管理、会計管理

1 バックオフィス業務

　この章ではバックオフィス業務について、1つずつ解説していきます。バックオフィス業務とは、介護サービス業務以外のすべてを指していると理解するとよいでしょう。もしくは、介護サービス業務を行っていくうえでの「管理業務」全般と言っても構いません。それは大きく、ヒト（労働力）・モノ（施設、車両など）・カネ（資本）の3要素に分類されます。

図表4-1 ●バックオフィスシステムの全体像

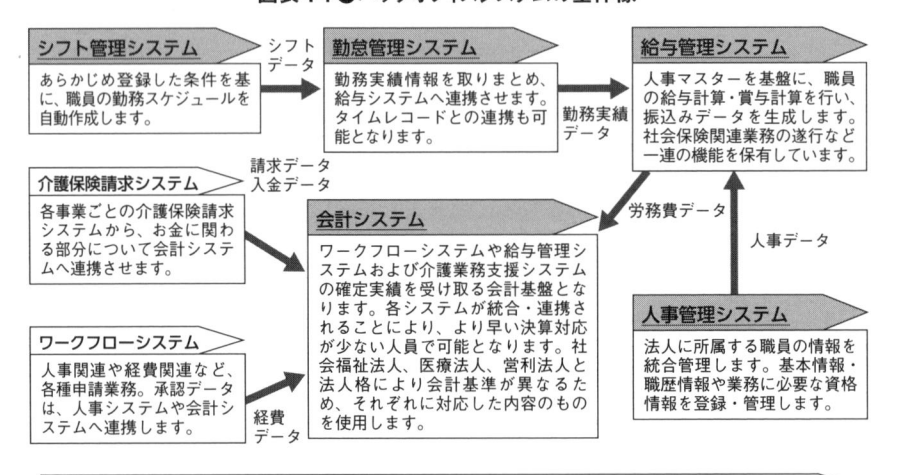

シフト管理システム
あらかじめ登録した条件を基に、職員の勤務スケジュールを自動作成します。

→ シフトデータ →

勤怠管理システム
勤務実績情報を取りまとめ、給与システムへ連携させます。タイムレコードとの連携も可能となります。

→ 勤務実績データ →

給与管理システム
人事マスターを基盤に、職員の給与計算・賞与計算を行い、振込みデータを生成します。社会保険関連業務の遂行など一連の機能を保有しています。

介護保険請求システム
各事業ごとの介護保険請求システムから、お金に関わる部分について会計システムへ連携させます。

→ 請求データ 入金データ →

会計システム
ワークフローシステムや給与管理システムおよび介護業務支援システムの確定実績を受け取る会計基盤となります。各システムが統合・連携されることにより、より早い決算対応が少ない人員で可能となります。社会福祉法人、医療法人、営利法人と法人格により会計基準が異なるため、それぞれに対応した内容のものを使用します。

← 労務費データ
← 人事データ

人事管理システム
法人に所属する職員の情報を統合管理します。基本情報・職歴情報や業務に必要な資格情報を登録・管理します。

ワークフローシステム
人事関連や経費関連など、各種申請業務。承認データは、人事システムや会計システムへ連携します。

→ 経費データ →

全社インフラ環境の整備・セキュリティ対策
VPN構築・アクティブディレクトリ構築下での集中管理・ウイルス対策・Windowsアップデート・ゲートウェイ対策・全社ファイルサーバー構築・ログ管理・資産管理・メール環境等、さまざまなシステムを構築するうえでの基盤となります。

2 人事考課・給与管理、勤怠管理、会計管理

1 人事考課・給与管理

(1) 公平な人事マネジメントのために

　まず、ヒトの管理として人事考課・給与管理があります。介護業界での人材不足や高離職率は、他業界に類を見ない状況です。これにはいくつもの要因が重なっていて、何か1つの要因に特定することはできませんが、大きな課題の1つが「最適な処遇や人事管理がしっかりなされていない」という点です。

　正規職員、非正規職員に限らず、数多くのスタッフを抱える介護業界においては、勤務シフト管理1つとってみても、公平感のあるマネジメントは難しい状況にあります。

　最近では介護職員の処遇改善、キャリアプランについて国家としての指標が提示されていますが、現場でこれらを実現していくためには膨大な情報を整理しなければならず、手作業による管理では難しいと思われます。

　スタッフ定着化の最大のポイントは「給与の多寡より、公平に評価されているかどうか？」であり、その点でもITは有効に機能します。

(2) 人事・給与管理システムで行うべきこと

　事業者では職員の採用時の履歴・職歴情報から、採用後の経歴、研修受講履歴、賞罰、資格などの個人情報を管理します。

　特に専門職の場合は、資格や研修受講について多岐にわたる管理項目がありますし、キャリアプラン実行に当たり研修未受講者の検索な

ども必要となるため、手書き台帳での管理では限界があります。

さらに、法改正・介護報酬改定などに伴う人員配置基準の変更や、退職者の充当などのための組織編成の変更を行うケースもあります。その際の人員配置図のシミュレーションや実際の作成などにもITを活用することができます。

(3) 人事管理と給与管理の連携

事業者は職員に労働力の対価として、規定に応じた給与を支払います。そのため、人事と給与の連携はおのずと必要になります。

人事管理給与管理は、年間を通じてほぼ決まったサイクルで行います。職員が入職したタイミングで基本台帳を作成し、年間業務の流れを把握しておくと、給与の支払いや社会保険関連業務が滞りなく進みます。

2 勤怠管理

(1) 多様な就業形態を管理する

介護業界は多種多様な雇用・勤務・賃金形態があり、就業管理は非常に煩雑になっています。

例えば、夜間勤務や休日のシフトが続くなど、シフト管理上無理な依頼をしている職員とそうでない職員、緊急対応が可能な職員とそうでない職員、サービス提供面での評価が高い職員とそうでない職員等をランクやポイントで管理し、その情報を場合によってはオープンにして内部的な評価をすれば、職員評価の公平性が担保できます。これを実行するには、IT活用なしでは不可能です。介護施設のなかには、単にエクセルシートで管理し、その情報をオープン化しているところもありますが、どういう基準でランクやポイントを決めているのか、日常業務でどう判断してそのような結果となったのかなどを説明できてこそ、職員からの信頼を得られます。そういった評価プロセスやオ

リジナルデータが一元化されていなければ、逆効果になってしまうケースが多いでしょう。簡易的な表計算システムでは、それらを管理することは不可能と考えたほうがよいでしょう。

　そういう意味では、人事労務管理がIT活用の最大ポイントであり、この分野でのシステム導入は、内部での議論を十分に経たうえで行い、効果的運用を図ることが求められます。

(2) シフト・勤怠管理

　シフト・勤怠管理は、主に主任など現場責任者クラスの職員が行います。主任クラスの職員からは、勤務表の作成以外にも多くの実務作業を抱えているため、シフト・勤怠管理にかける時間を少しでも軽減したいという声を多く聞きます。また、法人の管理部門としても介護職員の人員配置基準を守ることが求められており、時間をかけず正確にシフト・勤怠管理を行うことが必要となります。

　このような条件(職員個人の希望、法人として守るべき法定の人員配置基準)に基づきスケジュールを作成する業務は、ITがもっとも得意とする部分です。常勤換算表などの集計業務も、ITを利用すれば簡単に作成できます。

　職員の希望どおりのシフトが手間をかけずに実現しやすくなることで、職員満足度の向上にもつながります。

事例◆H介護老人保健施設のシフト管理

◆社会福祉法人H介護老人保健施設データ◆

入所定員：100名
通所リハビリテーション定員：20名

　H老健では、シフト管理システム導入前は、フロア主任と看護師長が前々月の半ばまでに各職員の希望を聞き、勤務シフトをエクセル(表計算ソフト)で手入力していました。入居者が多い日程や施設内行事、夜勤職員の組み合わせなどを考慮して勤務スケ

ジュールを作成しようとすると勤務時間内に完成したことはなく、常に家に持ち帰って作成していました。

シフト管理システムの導入後は、自動作成機能を利用することにより、勤務計画の初期案が、あらかじめ登録した条件に基づき短時間で作成できるようになりました。また、従来はシフトごとに1つひとつ数えていた集計作業（常勤換算表や日誌類）の手間が、自動で日毎集計、月間集計、年間集計と表示されるため、大幅に減りました。

さらに、欠勤があった場合も計画作成後に欠勤シフトとして残すことができるので、個人の欠勤状況を年間集計によって一目で確認できます。

シフト作成や管理にかかる時間が格段に削減されたため、フロア主任と看護師長はもとより、スタッフが介護現場にいられる時間が増えました。

図表4-2●シフト管理システム導入前後の処理時間比較

作業内容	シフト管理システム導入前	シフト管理システム導入後
①希望休入力	0（各職員が記入）	1時間
②条件調整	―	2～3時間
③原案作成	12時間	
④調整	8時間	4時間
⑤最終チェック		数分
⑥常勤換算表	1時間	数分
合計	約21時間	約8時間

3　会計管理

　介護事業においても他業種と同様に、「財務会計」と「管理会計」での対応が必要となります。

　「財務会計」は、過去の事実に基づいて決算として報告する書類です。

一方、「管理会計」は、将来の問題解決（例えば、どこの費用を抑えるか、など）に焦点を当てていますので、外に報告する書類よりも細かく書いてあります。

　財務会計では、「キャッシュフロー」の状況報告が主体となります。その多くは請求・入金業務と、発注・支払い業務で発生するタイムサイクルのズレをどうコントロールするかがポイントです。

　管理会計では、「予実績管理」と「小口現金管理」、「発注購買での承認管理」が中心となってきます。

　多くの介護事業所では、仕訳伝票を中心にした会計管理システムを導入されていますが、仕訳は発生ベースでの管理、つまり結果論での管理であり、それだけでは現場で役立つキャッシュフローのアウトプットは出てきません。

　入金予定、支払予定といった時間軸を考慮した会計パッケージ、もしくは売上データ、請求データ、入金データ、仕入データ、支払データといった一連の業務を連動させた「販売購買サブシステム」を付け加えることで、より高い精度で管理できます。

　さらに、介護事業では「法人格の違い」と「指針」の2つの特徴を踏まえた会計管理が必要となります。

①法人格の違い

　法律に基づく社会福祉法人、医療法人、株式会社（営利法人）など法人格＝経営母体による違いです。会計基準が異なり、管理方法や仕組み、評価指標に違いがあります。

②指針について

　「指定介護老人福祉施設等会計処理等取扱指導指針」といった指定介護事業者に対する指針も会計管理に加味する必要があります。法人として、指導指針のどのセグメントに位置するかを把握し、適切に管理する必要があります。

確認問題

問題1 下記の選択肢①〜③のうち、誤っているものを1つ選びなさい。

[選択肢]

①バックオフィス業務とは、介護サービス業務以外のすべてを指し、事業を継続的かつ健全に運営していくために必要なシステムである。

②人事考課・給与管理、勤怠管理は密接な関係性のあるシステムであり、相互に連携して運用することで、職員満足度の向上につながる。

③シフト作成は、主任クラスの担当者が個人の状況に応じて毎月作成するほうが、素早く公平にできる。

確認問題

解答1 ③

解説1

①○：バックオフィス業務とは、管理業務全般を指します。

②○：キャリアプラン、処遇改善においても必要なシステムです。

③×：シフトの条件指定やシミュレーションはITが得意な分野です。システムを利用してシフトを作成するほうが、大幅に時間・労力を短縮できます。

第5章

「営業支援」という新たな概念

1. 介護業界の環境変化
2. 営業支援システムの必要性
3. 営業支援システムの具体的運用
4. IT活用のこれから

1 介護業界の環境変化

1 介護業界の収益構造

　介護報酬はサービスごとに、事業所のサービス提供体制、利用者の要介護度により決まります。そのため、1事業所当たりの収入は頭打ち状態との声を耳にすることが、しばしばあります。

　介護業界を取り巻く社会環境も大きく変化してきており、第5期介護保険事業計画の初年度でもある2012（平成24）年4月の介護保険法等の改正では「切れ目ないケアの提供」を目指し、医療・介護連携のさらなる強化や、日常生活圏域（30分で駆けつけられる圏域）で地域の保健、医療、介護、福祉、住まいなどの資源が一体となって利用者を支援する地域包括ケアの仕組みの導入が大きなテーマになっています。

　また一方では、介護業界の再編に伴い飽和状態にある事業者が淘汰される時代へ移行しています。老人福祉事業者[※1]の倒産件数は2011（平成23）年が14件、2001（平成13）～2011（平成23）年では134件です。そのうち76.9％が業歴10年未満です（帝国データバンク調べ）。

　そのような介護業界の流れを踏まえ、100％（もしくはそれ以上）の稼働率を目指すには安定した事業運営を計画し、抜本的な改革の必要性が指摘されています。具体的には「よりシビアなコスト意識」と「徹底した管理による経営」が求められるようになっています。

　介護事業経営では、収支改善がビジネスの根幹となります。収支改善には売上を上げる、もしくはコストを下げるといった2つの側面が

※1 老人福祉事業者：帝国データバンクの業種分類における老人福祉事業。

あります。コストを下げる点に関しては、すでに多くの施設・事業所で取り組んでおり、一定のサービスを保つためには限界もあります。

では、売上を上げる点に関してはどうでしょうか。当然のことながら、売上増のためには稼働率を高めることが必要であり、理想は稼働率を実質100％以上にすることです。そのためには利用者の安定的な確保が必要となります。

この章では利用者の安定的な確保に向けた営業の重要性に触れ、営業管理のうえで効果的な営業支援システムについて述べていきます。

2 社会環境の変化

まず介護業界の利用者を取り巻く環境を振り返ってみましょう。高齢者の人口は年々増加しています。それは日本の人口動態からも一目瞭然です。

厚生労働省が検討している介護保険事業計画では、2025年の着地点を目標に、その第一歩として2012（平成24）年4月の介護保険法等の改正を位置付けています。その背景には、2012年以降、第一次ベビーブーム世代が前期高齢者に仲間入りし、2025年には高齢者は約3,500万人に達するとされていることがあります（**図表5-1、5-2、5-3**）。

これらのデータからは、売り手市場の傾向が見て取れます。しかし、①介護事業者の増加、②介護サービスの比較が困難、③利用者側にわかりやすいようなサービス紹介がしにくい、といった要因から、多くの事業者が事業運営に苦労したり、窮しているのが現状です。

また、介護事業者にとって介護保険法に則した事業運営は必須の要件であり、事業計画はこうした外部要因を意識したものでなければなりません。法律・制度等の環境変化に的確に対応する事業展開を考えていくことが必要です。

図表5-1 ● 今後の高齢化の進展

2025年の超高齢社会像

1. 高齢者人口の推移
   - 平成27（2015）年には「ベビーブーム世代」が前期高齢者（65〜74歳）に到達し、その10年後（平成37（2025）年）には高齢者人口は約3,500万人に達すると推計される。（図表-5-2）
   - これまでの高齢化の問題は、高齢化の進展の「速さ」の問題であったが、平成27（2015）年以降は、高齢化率の「高さ」（＝高齢者数の多さ）が問題となる。

資料：厚生労働省、第1回介護施設等の在り方に関する委員会、2006年9月27日より抜粋

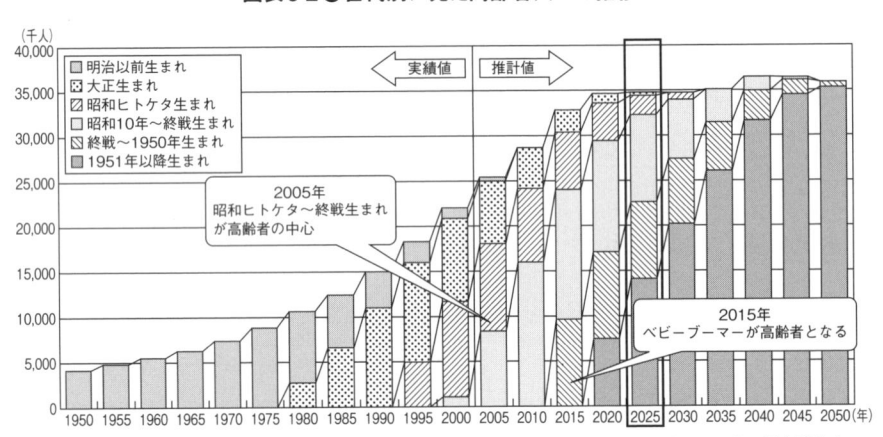

図表5-2 ● 世代別に見た高齢者人口の推移

（凡例）
- 明治以前生まれ
- 大正生まれ
- 昭和ヒトケタ生まれ
- 昭和10年〜終戦生まれ
- 終戦〜1950年生まれ
- 1951年以降生まれ

2005年 昭和ヒトケタ〜終戦生まれが高齢者の中心

2015年 ベビーブーマーが高齢者となる

資料：（〜2000年）総務省統計局、国勢調査、（2005年〜）国立社会保障・人口問題研究所、日本の将来推計人口（平成14年1月推計）

3　医療・介護連携が及ぼす影響

　第5期介護保険事業計画の初年度に当たる2012（平成24）年4月の介護保険法等の改正は6年に1度の大幅改正となり、医療・介護の連携に向けた政策が重要視されることになりました。

　この連携は、2025年に向けて今後さらに加速すると言われています。医療費削減の一環ではありますが、高齢者のニーズすべてを賄う

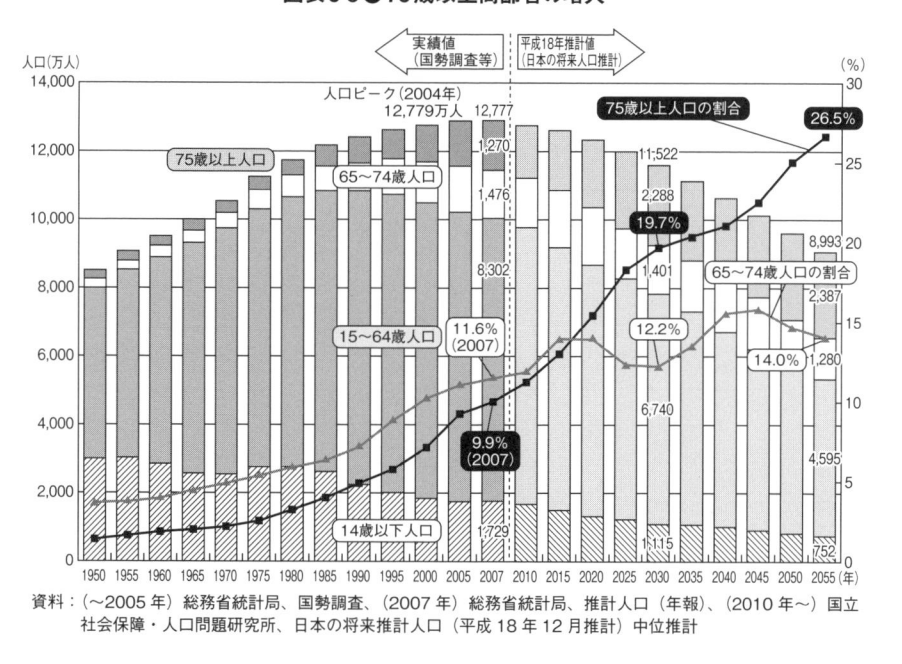

図表5-3 ● 75歳以上高齢者の増大

資料：（〜2005年）総務省統計局、国勢調査、（2007年）総務省統計局、推計人口（年報）、（2010年〜）国立社会保障・人口問題研究所、日本の将来推計人口（平成18年12月推計）中位推計

には病床数が不足しているという背景もあります。そのため、入院日数の短期化を目指す取り組みがすでに始まっています。具体的には、病院では入院初期段階から介護期までを想定した退院計画が立案されます。それを踏まえて介護事業者は、今まで以上に医療機関との連携を図っていく必要があります。

　今後、医療・介護連携はさらに進んでいくものと予想されます。その大きな契機になっているのが、2012（平成24）年4月から具体化されていく「地域包括ケアシステム」の導入です。日常生活圏域のなかで、医療機関・介護事業所等が連携して一人ひとりの利用者に対応することを求めています。そうした状況下において、これまで以上に法人の参入による競合や淘汰が進むことは避けられません。地域包括支援センターの委託先に民間事業者が見受けられることからもその予兆を感じます。これから求められることは、他事業者との明確な差別化、自法人・事業所の特化、そしてより密な連携なのです。

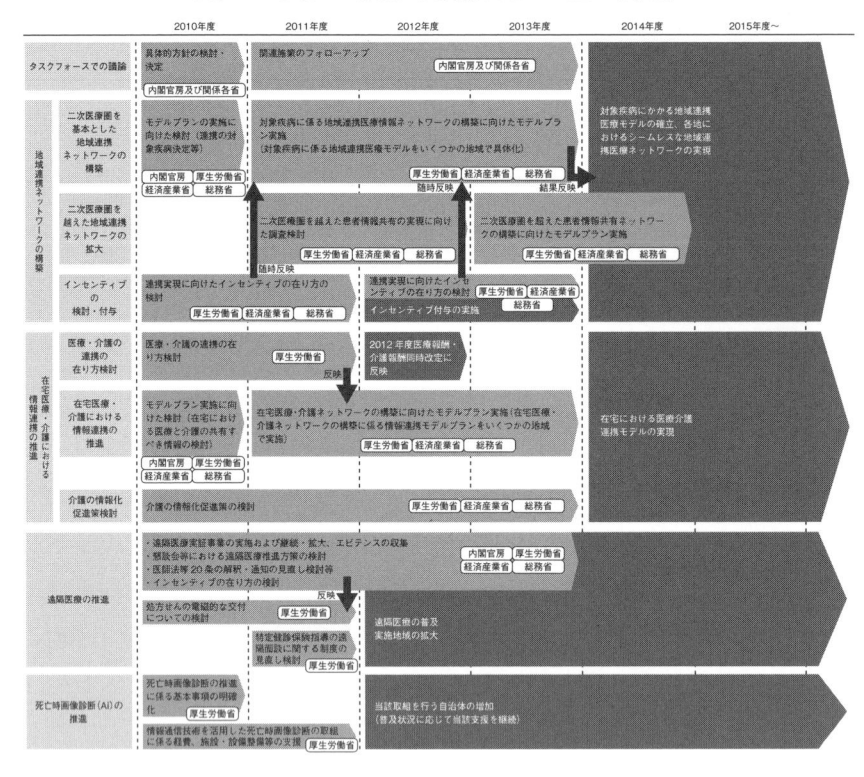

図表 5-4 ● 新たな情報通信技術戦略の工程表（抜粋）

資料：経済産業省、医療情報化促進事業～IT活用により、すべての国民が地域を問わず、質の高い医療サービスを受けられる社会の実現～

4 介護経営における連携の必要性

　地域包括ケアについては「平成23年度地域包括ケア推進指導者養成研修（ブロック研修）資料」（厚生労働省老健局）の資料に記載されています。地域が一体となって利用者への支援を行っていく構想で、**図表5-5、5-6**は地域包括ケアシステムのイメージと構築図です。その実現のためには日常生活圏域（30分で駆けつけられる圏域）における医療、介護、予防、住まい、生活支援という5つの視点による取り組みを包括的、継続的に行うことが必要となります。

　その際は**図表5-7**の通り、さまざまな職種に対してのアプローチが求められます。

図表5-5 ● 地域包括ケアシステムのイメージ

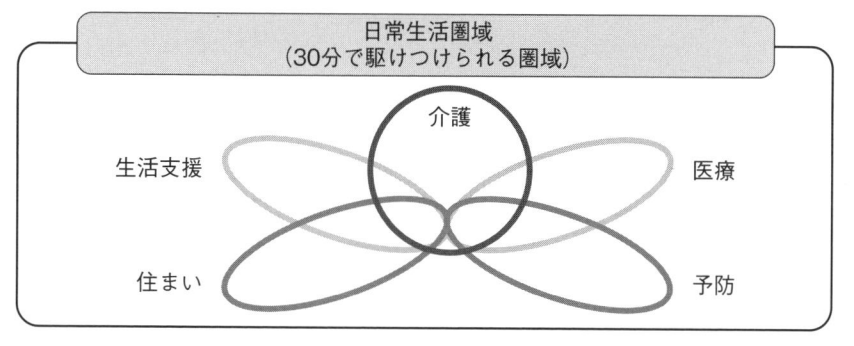

日常生活圏域
(30分で駆けつけられる圏域)

- 生活支援
- 介護
- 医療
- 住まい
- 予防

資料：厚生労働省老健局、平成23年度地域包括ケア推進指導者養成研修（ブロック研修）資料

図表5-6 ● 地域包括ケアシステムの構築

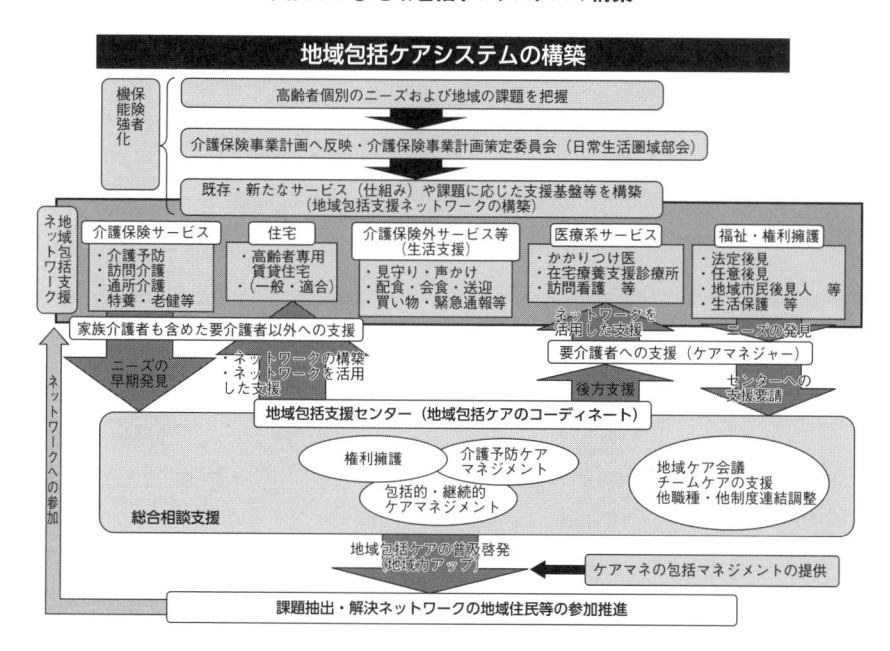

地域包括ケアシステムの構築

保険者機能強化
- 高齢者個別のニーズおよび地域の課題を把握
- 介護保険事業計画へ反映・介護保険事業計画策定委員会（日常生活圏域部会）
- 既存・新たなサービス（仕組み）や課題に応じた支援基盤等を構築（地域包括支援ネットワークの構築）

地域包括支援ネットワーク

- **介護保険サービス**：介護予防、訪問介護、通所介護、特養・老健等
- **住宅**：高齢者専用賃貸住宅（一般・適合）
- **介護保険外サービス等（生活支援）**：見守り・声かけ、配食・会食・送迎、買い物・緊急通報等
- **医療系サービス**：かかりつけ医、在宅療養支援診療所、訪問看護 等
- **福祉・権利擁護**：法定後見、任意後見、地域市民後見人、生活保護 等

家族介護者も含めた要介護者以外への支援
・ネットワークの構築
・ネットワークを活用した支援

ネットワークを活用した支援
要介護者への支援（ケアマネジャー）

ニーズの早期発見　後方支援　センターへの支援要請　ニーズの発見

地域包括支援センター（地域包括ケアのコーディネート）

総合相談支援
- 権利擁護
- 介護予防ケアマネジメント
- 包括的・継続的ケアマネジメント
- 地域ケア会議　チームケアの支援　他職種・他制度連結調整

地域包括ケアの普及啓発　地域力アップ　← ケアマネの包括マネジメントの提供

課題抽出・解決ネットワークの地域住民等の参加推進

資料：厚生労働省老健局、平成23年度地域包括ケア推進指導者養成研修（ブロック研修）資料

5 他事業者との連携

　他事業者との差別化を図りながら営業していくこと、そして顧客を紹介していただく土壌をつくることが利用者の確保にもつながっていきます。営業というと敬遠されがちですが、今までも、ケアマネジャーへのあいさつ回りは行ってきたのではないでしょうか。ここでは形

図表5-7 ●人的連携の視点

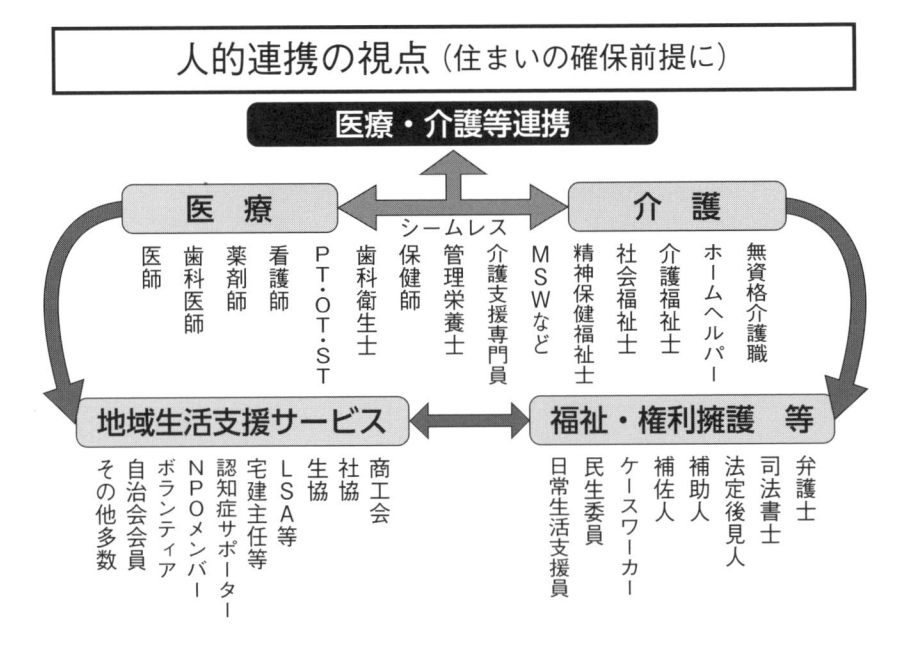

人的連携の視点（住まいの確保前提に）

医療・介護等連携

医療
- 医師
- 歯科医師
- 薬剤師
- 看護師
- PT・OT・ST
- 歯科衛生士

シームレス
- 保健師
- 管理栄養士
- 介護支援専門員
- MSWなど

介護
- 無資格介護職
- ホームヘルパー
- 介護福祉士
- 社会福祉士
- 精神保健福祉士

地域生活支援サービス
- 商工会
- 社協
- 生協
- LSA等
- 宅建主任等
- 認知症サポーター
- NPOメンバー
- ボランティア
- 自治会会員
- その他多数

福祉・権利擁護 等
- 弁護士
- 司法書士
- 法定後見人
- 補助人
- 補佐人
- ケースワーカー
- 民生委員
- 日常生活支援員

資料：厚生労働省老健局、平成23年度地域包括ケア推進指導者養成研修（ブロック研修）資料

式・方法について限定せず、顧客との折衝を行うことを「営業」と定義します。また利用者に対する営業ではなく、法人全体としての活動を意味し、営業対象も異なることをご認識ください。

　営業の対象は利用者個人ではなく、外部のケアマネジャーやソーシャルワーカー、連携機関・事業所の管理職の方々です。つまり、自施設・サービスの稼働率を上げるために働きかけるべきキーパーソンと言えます。次節では、このキーパーソンへの有効な営業手法について考えていきましょう。

2 営業支援システムの必要性

1 営業とは

　営業をするに当たって重要なことは、個人で行うのではなく、組織的に、かつ仕組みを活用して行うことです。効果を上げるためには、次の3点を意識したアプローチ手法が有効となります。

①キーパーソンをよく知る
　・対象となるキーパーソンを可視化する
　・取り巻く環境を理解し、キーパーソンの訪問方法を工夫する
②傾向を分析し、紹介していただけた（いただける）理由を知る
　・なぜ紹介していただけたのかを認識し営業する
　・どのような利用者を紹介していただいたのかを知る
③自施設・事業所の強み、アピールポイントは何か
　・紹介していただくために、自施設はほかと何で差別化できているのか、特化した部分は何かを知る

　①は、営業支援システムを利用するうえでも必要な準備となります。まず、キーパーソンを可視化するためにデータの整備を行います。サービス提供区域内のすべてのキーパーソンを一覧表にまとめます。その際には所属する事業所名、当人の連絡先（事業所、携帯電話、メール）、当人を知ったチャネル（自治体の福祉課を通じてなど）、簡単な特徴（どのような利用者を紹介してくれるのか。例：要介護度が高い人の紹介が多いなど）等の情報を盛り込んでおくとよいでしょう。これらのデー

タ整備を終えたところで営業支援システムの活用となります。

可視化したデータを基にした訪問にも工夫が必要です。それは、③を意識したアプローチをすることです。実施の際には、強み・アピールポイントについて理解、認識をし、それを効果的に伝えることが大切です。そのためには、「チラシ、カードなどツールの作成・配布」「訪問時にセルフチェックを行うチェックリスト」を準備し、活用するのもよいでしょう。OJTによる管理の必要もあり、ITのみに偏らない運営の継続を忘れてはなりません。そして②までを組織的かつ効果的に行うことで、他社とは差別化された営業アプローチが実現できるのです。具体的には、可視化されたキーパーソンへのアプローチについて対応結果をデータとして残すことです。営業支援システムの活用により、日報入力形式とすることが望ましいと言えます。

事例◆利用者増加を目的としたシステム導入

◆社会福祉法人A会データ◆

施設概要：特養60床、ショートステイ、デイサービス定員35名（認知症対応型）、居宅介護支援事業

社会福祉法人A会はショートステイ稼働率90％、デイサービス平均利用者数22名でした。ベッド稼働率向上と、デイサービス利用者数増加を目的に営業（渉外）活動と利用者管理のシステムを導入しました。

まず、自法人でも居宅介護支援事業は行っていますが、外部の居宅介護支援事業者からの利用者を増加させるため、地域の顧客（ケアマネジャー）管理システムを立ち上げ、過去にショートステイ、デイサービスを利用した利用者の担当ケアマネジャーをシステムに入力しました。この顧客管理システムに登録されたケアマネジャーの情報にひも付けして、要介護度や利用時の状況などの利用者情報も付加しました。

これにより、どのケアマネジャーが、どの要介護度の利用者を

紹介・利用したかの傾向がわかります。この分析は今後の営業（渉外）活動の方向性を定めるものなので、入力された数値から適正を分析し、帳票を出力しています。

　ケアマネジャーひも付けでの利用者管理のため、さらに分析していくと、一度ショートステイを利用した利用者の担当ケアマネジャーは、ほかの多くの利用者をデイサービスに紹介・利用してくれることがわかりました。このことから、例えばケアマネジャーBは比較的要介護度が低く、認知症の利用者を多く抱えているのではないか、などの予測ができます。そこで、ケアマネジャーBへはデイサービスのカリキュラムや行事内覧会のお知らせなどの案内状を定期的に送るようにしました。

　また、ある利用者は、ショートステイを毎月申し込んでいただいていますが、問題行動があるので利用者同士の組み合わせが難しく、ショートステイ利用申し込みを受けられないことが何度もありました。担当ケアマネジャーへは、定期的にショートステイの空き情報やほかの入所者情報などを発信し、より利用しやすい日程を検討してもらうなどのフォローを行いました。

　システム化することで、従来気づかなかった利用者やケアマネジャーの状況を把握でき、適切な対応と渉外活動ができるようになり、ショートステイベッド稼働率が95％に、デイサービス平均利用者数28名へと飛躍的に収益性が向上しました。

2　営業のための管理手法

　今や、外部（キーパーソン）を意識した内部管理の仕組みなしには、事業者として生き残っていけない状況になっています。

　効果的な内部管理の仕組みとして挙げられるのが、キーパーソンに対する活動の履歴を「見える化」し、個人からグループへの管理に移

行していくことのできる「営業支援システム」です。この仕組みを効果的に運用するには、現状を把握したうえで問題点を洗い出し、そこから課題の設定と解決策を立てること、そして実行・振り返り・見直しをした後にさらなる改善点を発見・共有し、実行するというサイクルを繰り返して、よりよいものを築いていくことが必要です。

　営業支援システムのない環境での現状把握は、実績などのデータに基づいた判断が難しく、一時的な側面での見方となる傾向にあります。例えば、プロセス全体には、現状、訪問の有無、対話内容、全体における現時点の状況、結果といったさまざまな側面があります。過去から現在までの状況を時系列に見たり、実績などのデータを分析し根拠に基づいた判断が必要な管理上のプロセスを見落としがちです。つまり全体像を見た分析・判断に欠けてしまう傾向にあります。また、一元的なデータに基づいた判断も困難なため、組織内で共有するには、準備・分析に多大な時間を費やすことになり、本来は営業の効率化のために行っている業務、そして全体を把握するための管理のプロセスで狙っている効果が半減されてしまいます。この課題を解決することが、営業支援システムの導入効果となります。

3　営業支援システムの役割

　営業支援システムは、営業活動を効率化するために1997（平成9）年ごろより日本でも普及してきました。当初は営業日報の管理を主体とするシステムでしたが、近年ではデータ蓄積やマーケティングツールとしても活用されています。また、最近は携帯型情報端末（モバイル、スマートフォンなど）の進化により、帰社後に作業をするのではなく、訪問後、外出先から早いタイミングでの入力が可能です。在宅、直行・直帰も実現できる環境となっております。営業のワークスタイルの変化も伴った営業支援システムの利活用がされるようになってきています。

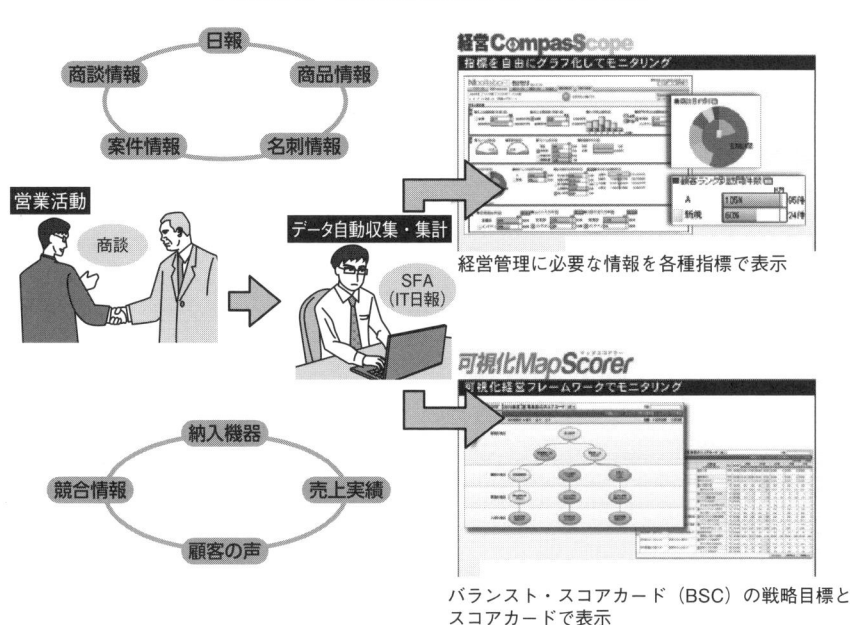

図表5-8 ●一般的な営業支援フローとシステム例

経営管理に必要な情報を各種指標で表示

バランスト・スコアカード（BSC）の戦略目標とスコアカードで表示

　営業支援システムの主な役割としては、①当初から使用されている営業日報の管理を主としたマネジメントシステムとしての活用、②さまざまなシステムで得るデータを分析し利用するマーケティングやBI（Business Intelligence）ツール[※1]としての活用、③CRM[※2]（Customer Relationship Management）と融合させた顧客管理が挙げられます。

　さらに運用面において、結果志向からの脱却を図り、仮説に基づいた営業をするために、初回訪問から成約に至るまでのプロセス管理を標準機能としている営業支援システムもあります。

　ほかのシステムと連携しているものもあります。グループウェアとの連携により、営業支援システムに蓄積したノウハウを全員で共有する仕組みなどが、具体例として挙げられます（**図表5-9**）。

※1 BI（Business Intelligence）ツール：業務システムなどから蓄積される企業内の膨大なデータを、蓄積・分析・加工して、必要な情報を素早く手に入れるためのツール。
※2 CRM：事業者が利用者や外部事業者と長期的な関係を築く手法のこと。詳細な顧客データベースを基に、対応履歴、問い合わせやクレームへの対応など、個々の利用者とのすべてのやり取りを一括して管理すること。

図表5-9 ●営業支援システム画面例

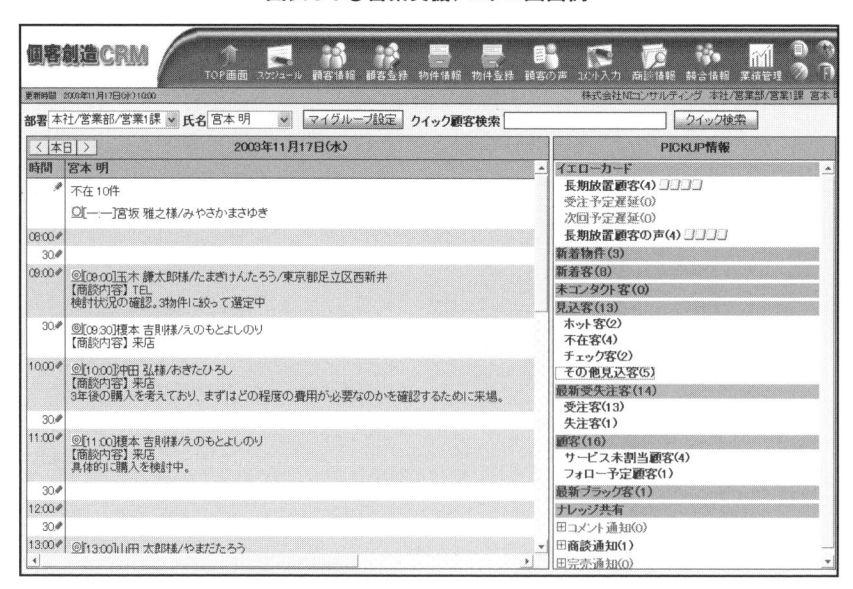

3 営業支援システムの具体的運用

1 活用例——営業の標準化

　介護事業者における営業支援システムの活用法の1つとして、「営業の標準化」があります。標準化とは、品質を上げ、担当者全員がすべてのキーパーソンに、一貫したアプローチを同一品質で実施できることを指します。

　大切なことは、自事業所のアピールポイントを明示し、外部向けの共通のキーワードを持つことです。営業においては、このキーワードを担当者全員がキーパーソンに対し徹底してアピールできているかが重要なポイントとなります。営業支援システムへの日報入力では、この点を意識した内容を心がけ、管理者による日報のチェック、また申し送りと同様に日報をグループでレビューすることをルーチンワークとします。レビュー実施の効果としては、①法人、施設、事業所におけるノウハウの共有ができること、②個人の考えだけではなく、複数の意見を基にした発展性のある方法論を導き出せること、③（効果的なアプローチ方法を知ることで）戦略的な営業展開へつながること、があります。

2 組織的・戦略的な営業の流れ

それでは、ITを用いた日々の営業活動について一例を挙げてみます。プロセスの特徴として、4つの管理ポイントが挙げられます。「訪問準備」「キーパーソン訪問」「利用者見込み情報の更新」「活動の振り返り」です（**図表5-10**）。これらのルーチンワークの徹底により、営業の標準化を図り、組織的・戦略的な営業へとつながっていきます。

図表5-10●介護事業者での営業（渉外）管理

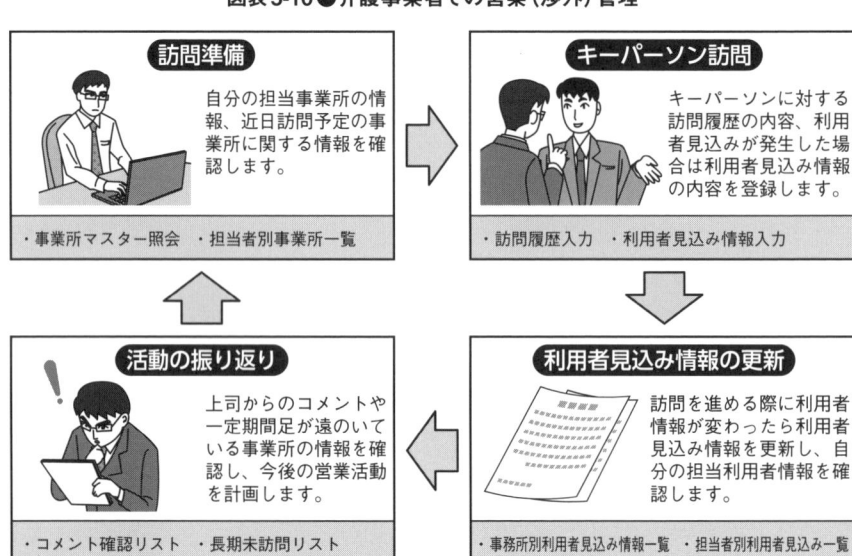

訪問準備	キーパーソン訪問
自分の担当事業所の情報、近日訪問予定の事業所に関する情報を確認します。	キーパーソンに対する訪問履歴の内容、利用者見込みが発生した場合は利用者見込み情報の内容を登録します。
・事業所マスター照会　・担当者別事業所一覧	・訪問履歴入力　・利用者見込み情報入力

活動の振り返り	利用者見込み情報の更新
上司からのコメントや一定期間足が遠のいている事業所の情報を確認し、今後の営業活動を計画します。	訪問を進める際に利用者情報が変わったら利用者見込み情報を更新し、自分の担当利用者情報を確認します。
・コメント確認リスト　・長期未訪問リスト	・事務所別利用者見込み情報一覧　・担当者別利用者見込み一覧

3 キーパーソン台帳（システム）

まず、営業担当者を中心に運用することを想定した実例を紹介します。この場合、キーパーソンに関する台帳情報入力が管理の基本となります。キーパーソン台帳の管理項目としては、以下のものがあります（**図表5-11**）。

■キーパーソン台帳に必要な管理項目と機能

1. キーパーソン名
2. 事業所名：キーパーソンが所属している事業所
3. 職種：ケアマネジャー、ソーシャルワーカーなど
4. 連絡先：事務所の電話、携帯電話、メールアドレスなど
5. キーパーソンを知ったチャネル：自治体の福祉課を通じてなど
6. DM発行区分：イベントなどの案内の送付
7. 簡単な特徴：どのような利用者を紹介してくれるのか（例：要介護度の高い方の紹介が多いなど）

　キーパーソン情報管理では、サービス提供区域内のすべてのキーパーソンを対象にしましょう。通常は、キーパーソンでの検索ではなく、事業所名からの検索を行う運用が多くなります。事業所とキーパーソンのひも付けも必須としましょう（ケアマネジャーが他事業所に転職することもあるため）。職種、連絡先、DM発行区分は、イベントや施設・事業所の案内を定期的に行うための管理項目です。さらに、そのキーパーソンを知ったチャネルや簡単な特徴が管理できれば、テーマを決めて営業をかける際、一覧化したデータを基に活動するこ

図表5-11●介護事業者営業管理システム画面例①（キーパーソン登録）

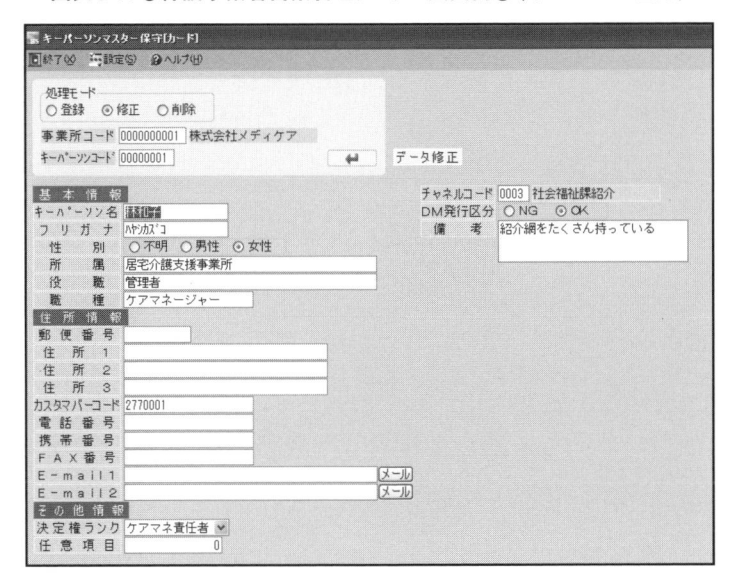

とが可能となります。

4 事業所台帳（システム）

　実際の営業支援システムの利用する場合には、事業者名を検索することでアプローチを確認することが多いと思います。事業所台帳の管理項目としては、以下のものがあります（**図表5-12**）。

■事業所台帳に必要な管理項目と機能
1. 事業所名
2. 基本情報：住所、電話番号など
3. 付属情報：代表者、法人格、事業所の規模、URLなど
4. 事業所種別：紹介元、新規先、得意先、過去のトラブル先などの区分
5. 担当者：営業担当として自法人の担当者を管理
6. 連携の機能：事業所台帳の画面から接続できる仕組み
　（連携先の情報例：事業所に所属するキーパーソンの一覧、過去の訪問履歴）

　事業所台帳システムのメリットは、付属情報として代表者や法人格、事業所の規模、URL、場合によっては経理部署との連携により、企業単位で資本の状況についても情報共有を図り、与信管理機能を付加させることができます。その結果、台帳を参照することで事前に営業活動をすべき法人かどうかを判断することが可能となります。また事業所の種別、「紹介元」「新規先」「過去のトラブル先」といった区分を知ることで、事業所別に傾向を意識した営業対応ができます。例えば「紹介元」のなかでも、適した利用者を数多く紹介してくれる先への対応方法は手厚く、継続して紹介してもらうための工夫を検討します。「新規先」「過去のトラブル先」については、今後の発展性・可能性を

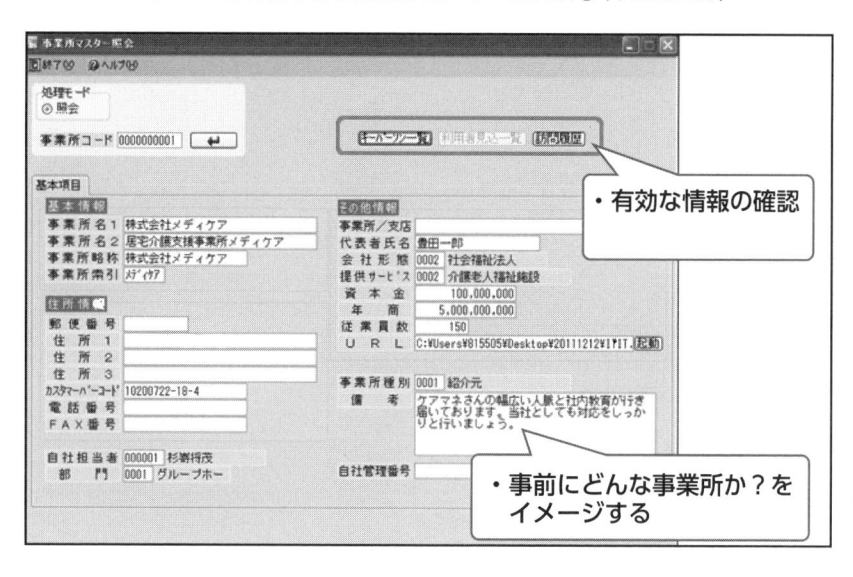

図表5-12●介護事業者営業管理システム画面例②（事業所登録）

・有効な情報の確認

・事前にどんな事業所か？をイメージする

　よく精査し、比重を置いた訪問の可否を判断することが必要です。結果として、それぞれに対する営業工数のバランスを考えた対応を実現できます。

　事業所台帳を運用する際にもっとも重要なことは、連携機能です。事業所に所属するキーパーソンの一覧や過去の訪問履歴に接続する機能などがあるとよいでしょう。これは、事業所台帳で訪問準備を行うことを効率化するための工夫です。例えば、訪問を予定している事業所について、キーパーソンを知り、過去にどのような関係があったのかを訪問履歴から調べます。これにより、今回のアプローチ結果をある程度想定し、できるだけ目的実現に近づけるような準備をすることができます（仮説を立てた営業手法）。

5　訪問履歴

　営業支援システムにおいて、もっともノウハウの蓄積につながるのが訪問履歴の管理です（**図表5-13**）。「営業の標準化」にも影響する重

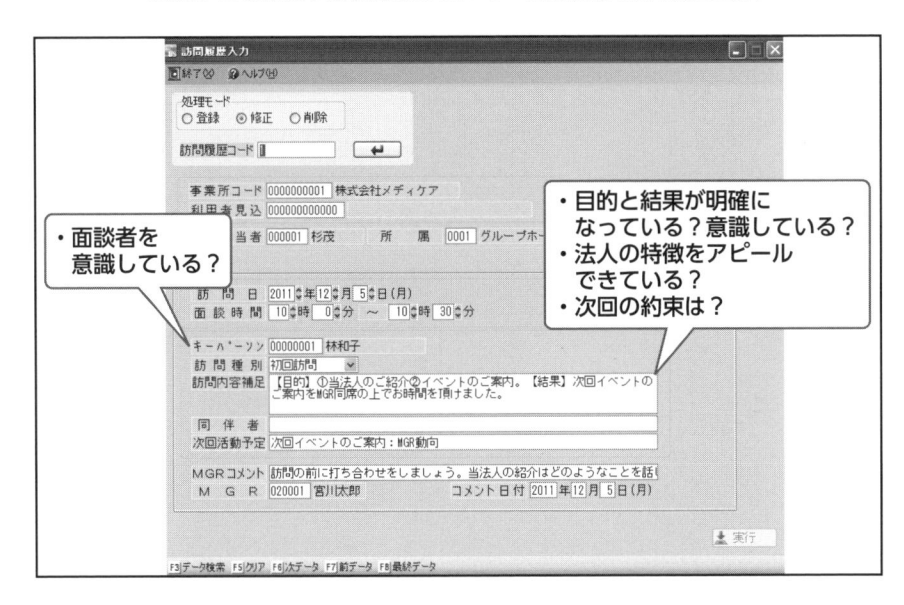

図表5-13●介護事業者営業管理システム画面例③（訪問履歴登録）

[画面例：訪問履歴入力画面]

・面談者を意識している？

・目的と結果が明確になっている？意識している？
・法人の特徴をアピールできている？
・次回の約束は？

要なフェーズです。

■訪問履歴に必要な管理項目と機能

1. 事業所名：訪問先の事業所
2. 利用者見込：紹介していただけそうな利用者がいた場合
3. 訪問担当者名、所属先：訪問した担当者名や所属（入力者など）
4. 訪問日・時間
5. キーパーソン：面談したキーパーソン
6. 訪問種別：初回訪問、イベント紹介、クレームなど
7. 訪問内容：訪問種別のさらに詳細な情報
8. 次回活動予定：次回のアプローチ
9. 管理者コメント：管理者からのアドバイス

6　管理者業務

　多くの事業所では日報の管理を行っていると思います。データ化することによって、訪問履歴の蓄積をノウハウ化することができます。

管理部門における営業支援システムの利用は、日々入力されたデータを基にプロセスごとの分析・判断を行い、次回の対応に向けた指示に反映することです。状況により日報に対するコメントとしてのフィードバックを行ったり、ITではなくOJTを通じた指導をすることも必要になります。

　共有すべき情報としては、紹介していただけそうな利用者の見込みがあったか、訪問の日時、面談したキーパーソンは適当であったか、訪問の目的は何だったか、などです。また、アプローチそのものに対してのチェックや改善点の発見をするためには、訪問した際に事前に予定していたことを徹底して実施したか、次回の予定を明確にしてきたかといった情報が必要となります。

　大変手間のかかる作業のように感じますが、発想としては利用者に対する介護記録と同様です。記録を見返すことで改善がなされ、介護サービスの品質向上などにつながっているように、日報から営業プロセスの改善、そして営業の品質向上に発展していきます。

　さらに、以下のような管理者向けの機能を有していれば、こういった業務の積み重ねが組織的な運営にも寄与できるでしょう（**図表5-14**）。

■**管理者画面に必要な管理項目と機能**
1. 訪問履歴における担当者、事業所名での一覧
2. 利用者見込み
3. 長期未訪問リスト、クレーム詳細

　訪問履歴は、担当者や事業所名で抽出を行い、一覧形式で確認するとよいでしょう。担当者数が増えることも想定して管理することが求められます。

　また、訪問履歴は利用者の確保が目的ですので、営業活動の結果として紹介していただけた利用者見込みの方はどうなったのかといった効果測定をすることも重要になります。さらに、利用者の要介護度を

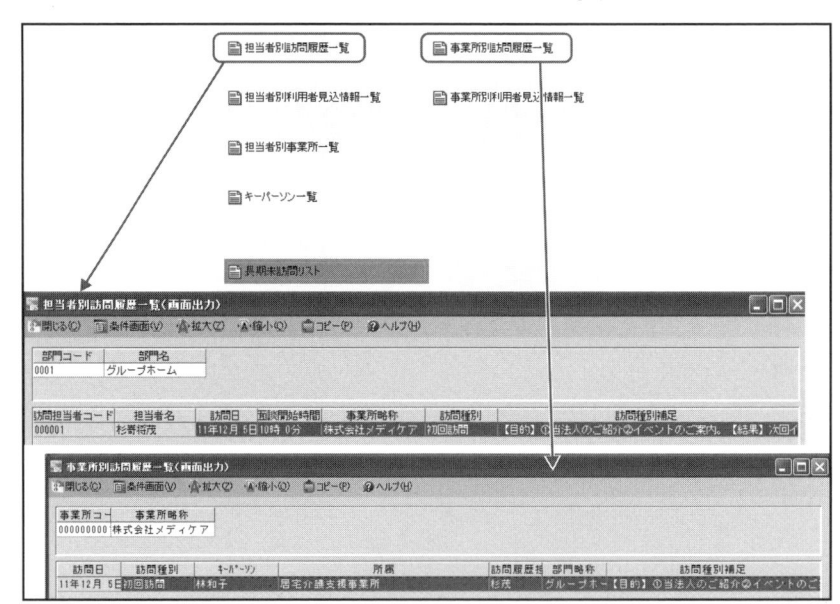

図表5-14●介護事業者営業管理システム画面例④（管理者画面）

　管理するようにすれば、介護報酬のシミュレーションにもつながります。システムの改善を図る際の検討課題としてはいかがでしょうか。

　介護業界においても顧客満足度の向上は重要です。事業者間の競争が激しくなることを考え、長期未訪問やクレームなどがないかを、全職員が定期的にチェックするようにすると、営業の品質向上、ひいてはCSの向上、紹介件数の増加につながるのではないでしょうか。

4 IT活用のこれから

1 IT活用がもたらすもの

　介護業界は今、変革の時期を迎えています。「営業」という言葉に否定的だった時期もありましたが、今では経営的視点が必要なシビアな業界環境となってきました。株式会社の参入が進むなか、収支を意識した営業手法は、これからの法人運営に欠かせません。

　直接的にしろ間接的にしろ、人的サービスを伴う労働集約型の業界（ホテル、外食、派遣、旅行等）全体に見られる傾向ですが、その黎明期には、独自性を持った特徴ある企業が出現しました。そして、一定以上の品質を保証するマニュアル化（標準化）によって組織的運営を図ることで企業淘汰の時代を迎えました。その先にある形態としては、特定の個人に対してや、特定のセグメント化された小規模サークルなど特化した社会ニーズに合わせて対応できる介護施設等の顧客ニーズに、きめ細かく対応できる強みを持った介護事業者が出現し、一般的な介護施設が役割分担を担うようになります。

　介護業界は、社会的要請で生まれた比較的新しい業界ですが、高度に発達した情報化社会を背景に、短期間のうちに大きな構造変革を求められています。例えば、JRは従業員1人当たりの生産性を2倍以上に上げるチケット発行が遠隔でできるオンライン技術により、旅行会社はさまざまな情報リソースと連携するパソコンのネットワーク時代の到来により、人材派遣業はWeb時代の幕開けに伴い登録スタッフと企業の間にモバイルとインターネットを介在させることにより、大きく飛躍しました。その点、介護業界は、それらすべてが当たり前に

ある時代に産声をあげ、最初から荒波に揉まれるような船出をしました。

多様な選択肢があることは一見、利便性が高いように思えますが、日々の膨大な仕事、種々の管理業務、相互コミュニケーションといったことをこなすのに精一杯というのが、介護の現場や経営者の本音かもしれません。

しかし、現場の生産性を向上することで得られるのは、「利益」という1つの答えだけではありません。IT活用で管理業務の負荷を減らし、その余力を現場でのサービス向上に回せば、利益以上に、より高い社会的評価を受けることにつながる可能性がありますし、すでにそうした目的意識で施設経営に当たっている事業者もいます。

ある施設では、1日の仕事を日報化しスタッフの動線管理をしたうえで、そのノウハウを新しい施設建設に役立て、スタッフの活動の効率化につなげています。さらにシフト管理にITを活用して、残業をなくすことにも成功しています。

2 今後の展開

今後、他業界で効果を上げているIT技術の導入は、介護業界でもますます進んでいくと予想されます。

特に、ニーズとして増えることが予想されるのは、モバイル技術の徹底活用です。介護施設、家族、医師などを有機的に結んでいくことに役立つでしょう。

時代の要請でもあるクラウド[※1]技術の進展にも期待が高まっています。「電力のアナロジー[※2]」を例にするまでもなく、時代はクラウドを求めています。介護事業者に専任のIT技術者がいて、サーバーやネットワークを管理する……などというのは、今しか見られない光

※1 クラウド：データを自分のパソコンや携帯電話ではなく、インターネット上に保存する使い方、サービスのこと。自宅、会社、ネットカフェ、学校、図書館、外出先など、さまざまな環境で、パソコンや携帯電話（主にスマートフォン）からデータを閲覧、編集、アップロードすることができる。他人とデータを共有するグループウェアのような使い方もあり、IT技術の革新的存在である。

※2 電力のアナロジー：電力は、昔は、どこの企業、家庭も自家発電していたが、送電技術の進歩と、大電力を発生できる発電装置の発明によって、今や自家発電装置は特別な企業にしかない。自家発電をサーバー、発電技術をネットワークと置き換えるとクラウドの説明になる。

景だと思います。近い将来、クラウド化によってIT技術はすべて外部に追い出され、介護事業者はソフトウェアの投資対効果のみを判断すればよい時代が到来するかもしれません。

確認問題

問題1 下記の選択肢①〜③のうち、誤っているものを1つ選びなさい。

[選択肢]

①介護業界において、収益構造を改善させるにはコスト削減と収益向上が必要であり、収益向上には渉外(営業)活動も視野に入れる必要がある。

②渉外(営業)活動を効率的に行うためには、介護記録システムを利用するとよい。

③管理者は、営業支援システムで入力された日報やクレーム状況などのデータを元に、方向や戦略を立てることが可能となる。

確認問題

解答 1 ②

解説 1

① ○：収入は介護報酬の範囲で定められているため、より多くの利用者へサービスを提供する、という着眼点で収益向上を目指すには渉外(営業)活動も必要となります。

② ×：一般企業と同様に、営業の活動履歴や渉外(営業)ターゲットとなり得るキーマンのニーズや課題を理解し、体系的に管理することが必要となるため、営業支援システムを利用するとよいでしょう。

③ ○：管理項目を一覧で確認できます。

MEMO

MEMO

MEMO

MEMO

MEMO

● 編著者プロフィール

● 編者

豊田雅章(とよだ・まさあき)

株式会社大塚商会　本部SI統括部流通サービスSPグループ　部長
数多くの企業に基幹系ITソリューションを提供し、企業成長を支援。単なるシステム提供にとどまらず、業種業界に深く特化した運用ノウハウをベースに、ITを徹底活用した生産性の向上に挑む。大塚商会ERPナビにてコラム執筆中(http://www.otsuka-shokai.co.jp/erpnavi/topics/column/sales-episode/)。

● 著者(第1章、第4章)

林　和美(はやし・かずみ)

株式会社大塚商会　マーケティング本部システムプロモーション部　医療・介護担当
医療機関で4年間の医事課職務を経て、1998年、大塚商会入社。以来、医療・介護分野のマーケティングを担当。介護事業者向けセミナーや展示会開催、製品企画等、業界のIT化に向けた取り組みを行っている。

● 著者(第2章)

伊藤智一(いとう・ともかず)

株式会社大塚商会　本部SI統括部　メディケアSP統括担当
1999年4月、大塚商会入社。同年7月より京葉事業部SI部門に配属、システム営業担当。2000年、建設製造業への営業を担当。2003年、流通サービス業への営業を担当。さまざまな業界を経験した後、同年、医療プロジェクトに参加。2011年7月、メディケアSP営業に転属。医療機関・介護事業所専任営業となり、現在に至る。

● 著者(第3章、第5章)

杉嵜将茂(すぎさき・まさしげ)

株式会社大塚商会　本部SI統括部　メディケアSP統括担当
1997年4月、大塚商会入社。同年7月より京葉事業部松戸支店に配属。さまざまなソリューションを取り扱うエリア営業職を担当。2002年、SI部門への転属によりシステム営業担当。新規顧客をターゲットとした営業活動を展開。2007年、流通サービス業への営業へ転属。同時に医療プロジェクトに参加。2008年、医療情報技師を取得し、2009年10月、医療(現メディケアSP)営業へ転属。医療機関・介護事業所専任営業となり、現在に至る。

● 総監修者プロフィール　　　　　　　　　　　　　　　　　　　　　　　　　　　50音順

江草安彦（えぐさ・やすひこ）

社会福祉法人旭川荘名誉理事長、川崎医療福祉大学名誉学長
1926年生まれ。長年にわたり、医療・福祉・教育に従事、医学博士。旧制広島県立福山誠之館中学校卒業後、岡山医科大学付属医科専門部（現・岡山大学医学部）に進学し、勤務医を経て総合医療福祉施設・社会福祉法人旭川荘の創設に参加、85年より旭川荘の第2代理事長となる。現在は名誉理事長。川崎医療福祉大学学長（～03年3月）、川崎医療福祉大学名誉学長および川崎医療福祉資料館館長（現在に至る）。00年、日本医師会最高優功章受章、01年保健文化賞、06年瑞宝重光章、09年人民友誼貢献賞など受賞多数。

大橋謙策（おおはし・けんさく）

公益財団法人テクノエイド協会理事長、元日本社会事業大学学長
1943年生まれ。東京大学大学院教育学研究科博士課程修了。日本社会事業大学教授、大学院研究科長、社会福祉学部長、社会事業研究所長、日本社会事業大学学長を経て、2011年より現職。埼玉県社会福祉審議会委員長、東京都生涯学習審議会会長等を歴任。著書に、『地域社会の展開と福祉教育』（全国社会福祉協議会）、『地域福祉』『社会福祉入門』（ともに放送大学教育振興会）、『地域福祉計画策定の視点と実践』（第一法規）、『福祉21ビーナスプランの挑戦』（中央法規出版）ほか。

北島政樹（きたじま・まさき）

国際医療福祉大学学長
1941年生まれ。慶應義塾大学医学部卒。外科学（一般・消化器外科）専攻、医学博士。慶應義塾大学名誉教授。Harvard Medical School、Massachusetts General Hospitalに2年間留学。杏林大学第一外科教授、慶應義塾大学病院副院長、院長、医学部長を経て名誉教授。国際医療福祉大学副学長、三田病院院長を経て国際医療福祉大学学長（現職）。英国王立外科学会、アメリカ外科学会、イタリア外科学会、ドイツ外科学会、ドイツ消化器外科学会、ハンガリー外科学会名誉会員およびポーランド外科学会名誉会員。New England Journal of Medicine、World Journal of Surgery、Langenbeck's Archives of Surgeryなどの編集委員。ブロツワフ大学（ポーランド）、センメルワイス大学（ハンガリー）名誉医学博士。

介護福祉経営士テキスト　実践編Ⅱ−3
介護福祉ITシステム
効率運営のための実践手引き

2012年8月25日　初版第1刷発行

編　者　豊田雅章
発行者　林　諄
発行所　株式会社　日本医療企画
　　　　〒101-0033　東京都千代田区神田岩本町4-14　神田平成ビル
　　　　TEL. 03-3256-2861（代）　http://www.jmp.co.jp
　　　　「介護福祉経営士」専用ページ　http://www.jmp.co.jp/kaigofukushikeiei/
印刷所　大日本印刷株式会社

©Masaaki Toyoda 2012, Printed in Japan　ISBN 978-4-86439-100-9 C3034　定価は表紙に表示しています。
本書の全部または一部の複写・複製・転訳載の一切を禁じます。これらの許諾については小社までご照会ください。

これからの介護・福祉事業を担う経営"人財"

介護福祉経営士テキスト　シリーズ全21巻

総監修

江草 安彦 社会福祉法人旭川荘名誉理事長、川崎医療福祉大学名誉学長

大橋 謙策 公益財団法人テクノエイド協会理事長、元日本社会事業大学学長

北島 政樹 国際医療福祉大学学長

【基礎編Ⅰ】テキスト（全6巻）

1	**介護福祉政策概論** ――施策の変遷と課題	和田　勝 国際医療福祉大学大学院教授
2	**介護福祉経営史** ――介護保険サービス誕生の軌跡	増田雅暢 岡山県立大学保健福祉学部教授
3	**介護福祉関連法規** ――その概要と重要ポイント	長谷憲明 関西国際大学教育学部教授・地域交流総合センター長
4	**介護福祉の仕組み** ――職種とサービス提供形態を理解する	青木正人 株式会社ウエルビー代表取締役
5	**高齢者介護と介護技術の進歩** ――人、技術、道具、環境の視点から	岡田　史 新潟医療福祉大学社会福祉学部准教授
6	**介護福祉倫理学** ――職業人としての倫理観	小山　隆 同志社大学社会学部教授

【基礎編Ⅱ】テキスト（全4巻）

1	**医療を知る** ――介護福祉人材が学ぶべきこと	神津　仁 特定非営利活動法人全国在宅医療推進協会理事長／医師
2	**介護報酬制度／介護報酬請求事務** ――基礎知識の習得から実践に向けて	小濱道博 介護事業経営研究会顧問
3	**介護福祉産業論** ――市場競争と参入障壁	結城康博　　　　　　早坂聡久 淑徳大学総合福祉学部准教授　社会福祉法人柏松会常務理事
4	**多様化する介護福祉サービス** ――利用者視点への立脚と介護保険外サービスの拡充	島津　淳　　福田　潤 桜美林大学健康福祉学群専任教授

【実践編Ⅰ】テキスト（全4巻）

1	**介護福祉経営概論** ――生き残るための経営戦略	宇野　裕 日本社会事業大学専務理事
2	**介護福祉コミュニケーション** ――ES、CS向上のための会話・対応術	浅野　睦 株式会社フォーサイツコンサルティング代表取締役社長
3	**事務管理／人事・労務管理** ――求められる意識改革と実践事例	谷田一久 株式会社ホスピタルマネジメント研究所代表
4	**介護福祉財務会計** ――強い経営基盤はお金が生み出す	戸崎泰史 株式会社日本政策金融公庫国民生活事業本部融資部専門調査役

【実践編Ⅱ】テキスト（全7巻）

1	**組織構築・運営** ――良質の介護福祉サービス提供を目指して	廣江　研 社会福祉法人こうほうえん理事長
2	**介護福祉マーケティングと経営戦略** ――エリアとニーズのとらえ方	馬場園　明 九州大学大学院医学研究院医療経営・管理学講座教授
3	**介護福祉ITシステム** ――効率運営のための実践手引き	豊田雅章 株式会社大塚商会本部SI統括部長
4	**リハビリテーション・マネジメント** ――QOL向上のための哲学	竹内孝仁 国際医療福祉大学大学院教授／医師
5	**医療・介護福祉連携とチーム介護** ――全体最適への早道	苛原　実 医療法人社団実幸会いらはら診療所理事長・院長
6	**介護事故と安全管理** ――その現実と対策	小此木　清 弁護士法人龍馬　弁護士
7	**リーダーシップとメンバーシップ、モチベーション** ――成功する人材を輩出する現場づくりとその条件	宮野　茂 日本化薬メディカルケア株式会社代表取締役社長

※タイトル等は一部予告なく変更する可能性がございます。